VORWORT

PYTHON war 2022 die beliebteste und am häufigsten eingesetzte Programmiersprache der Welt!

PYTHON wurde Anfang der 1990er Jahre von Guido van Rossum am Centrum Wiskunde & Informatica in Amsterdam mit dem Ziel entwickelt, eine einfache, gut lesbare, frei zugängliche und für alle gängigen Betriebssysteme funktionierende Sprache zu haben.

Die erste Version erschien im Jahr 1994: PYTHON 1.0, im Jahr 2008 dann die Version 3.0.

Durch den Ansatz einer Open Source Software wurden unzählige Pakete basierend auf PYTHON entwickelt, die zum grössten Teil frei zugänglich sind. Diese Pakete werden in der Wissenschaft, in der Datenanalyse, im Machine Learning und in vielen weiteren Disziplinen verwendet: und dies absolut frei und kostenlos zugänglich!

Laut verschiedenen Umfragen ist PYTHON seit 2020 die am meisten verwendete Programmiersprache mit dem grössten Wachstum und hat sogar JAVA überholt.

Es gibt schon einige Bücher über PYTHON. Wodurch zeichnet sich das Vorliegende aus?

Dieses Buch eignet sich, um PYTHON autodidaktisch anhand einfacher Beispiele kennen zu lernen. Der Fokus liegt nicht primär auf der Lösung der Probleme, sondern auf dem Erlernen der Software ohne jegliche Vorkenntnisse.

Für angehende Ingenieur:innen mit wenig Fachvorkenntnissen existiert meines Wissens kein geeigneter Leitfaden, welches die Programmiersprache so knapp erklärt.

Dieses Lehrmittel wird für die Ausbildung im Ingenieurbereich an Fachhochschulen verwendet.

Kapitel 1 startet mit der Verwendung der Hilfe und dem Entdecken neuer Befehle mittels der Tabulatorfunktion.

Kapitel 2 & 3 befassen sich mit einfachen Grundoperationen und ersten Matrizenrechnungen. Hier wird die Bibliothek NUMPY verwendet.

Die ersten Plots von einfachen Berechnungen werden in **Kapitel 4** erstellt. Hier wird die Bibliothek MATPLOTLIB verwendet.

Kapitel 5 widmet sich den Schleifen und der Flusskontrolle. In **Kapitel 6** werden die wichtigsten Datentypen systematisch aufgelistet und erklärt.

Wie aus einzelnen Befehlen ein Skript erstellt werden kann, wird in **Kapitel 7** erklärt. Im darauffolgenden **Kapitel 8** wird der vorher erstellte Code in Funktionen umgewandelt und damit werden die Funktionen und die Funktionsaufrufe erklärt.

Am Ende jedes Kapitels hat es Kurzübungen, um das im Kapitel Gelernte direkt anzuwenden.

Kapitel 9 bietet Übungen mit den entsprechenden Lösungen dazu, um das Erlernte zu festigen.

Die Aufgabenstellungen und Lösungen sind so verteilt, dass die Lösungen nicht direkt ersichtlich sind. Dies ist natürlich nur möglich bei einem Buch in Papierform.

Eine Sammlung und eine Übersicht der wichtigsten Befehle und weiterer Bibliotheken sind in **Kapitel 10** vorhanden.

Ein Sachwortverzeichnis am Ende hilft als Nachschlagewerk.

Eine Einführung muss sich den Namen verdienen!

So wird mit dem «Mut zur Lücke» nicht auf die klassische, objektorientierte Programmierung eingegangen. Ebenso nicht auf ein Dateihandling zum Lesen und Schreiben von Dateien. Es gibt viele gute Webseiten und weitere Bücher, die sich dieser Thematik annehmen.

Dieses Lehrmittel wurde mithilfe der freien Entwicklungsumgebung SPYDER erstellt, die hier mit gutem Gewissen für alle Anwender:innen empfohlen werden kann.

In einigen Beispielen, vor allem auch bei der Erstellung der Skripts, wird auf die Entwicklungsumgebung SPYDER eingegangen. Jedoch sind Buch und Inhalt nicht an diese Entwicklungsumgebung gebunden.

Im Text sind Codebestandteile mit `Courier` gekennzeichnet. `Befehle` und `Funktionen` sind zudem `grau` hinterlegt.

Das Buch ist während meiner Lehrtätigkeit an der Fachhochschule Nordwestschweiz entstanden.

Niederlenz, im November 2022   Stefan Wicki

Die nicht zu kurze Kurzeinführung in PYTHON
1. Auflage November 2022

Inhalt: Patrick Schmid
Lektorat: Christine Steger-Rauch

Herstellung und Verlag: BoD - Books on Demand , Norderstedt
ISBN 978-3-7568-8506-0

INHALTSVERZEICHNIS

1. HILFE, HILFE!

Befehle: `help, lookfor`

1.1 Gute Webseiten

Auf folgenden Webseiten findet man gute Hilfen für PYTHON und Befehlssammlungen:

- PYTHON: Einführung   https://docs.python.org/3.9/tutorial/
- PYTHON: Grundbibliotheken   https://docs.python.org/3/library/
- PYTHON: Grundfunktionen   https://docs.python.org/3/library/functions.html
- PYTHON: Datentypen   https://docs.python.org/3/library/stdtypes.html
- PYTHON: Style-Guide   https://peps.python.org/pep-0008/
- NUMPY: Dokumentation   https://numpy.org/doc/stable/
- MATPLOTLIB: Dokumentation   https://matplotlib.org/stable/users/index.html

1.2 Direkte Hilfeanforderung (`help`)

PYTHON bietet verschiedene sehr gute Hilfen an. Die einfachste und effizienteste Art ist die Eingabe in der Konsole. Sie benötigen z.B. die Hilfe zum Befehl `print`:

Geben Sie Folgendes in der Konsole ein:

```
help(print)
```

Dies liefert folgendes Resultat:

```
Help on built-in function print in module builtins:

print(...)
    print(value, ..., sep=' ', end='\n', file=sys.stdout, flush=False)

    Prints the values to a stream, or to sys.stdout by default.
    Optional keyword arguments:
    file:  a file-like object (stream); defaults to the current sys.stdout.
    sep:   string inserted between values, default a space.
    end:   string appended after the last value, default a newline.
    flush: whether to forcibly flush the stream.
```

Es kann nur die Hilfe angezeigt werden von Funktionen, die bekannt sind. Wird die Hilfe zum
Beispiel vom Befehl `linspace` gewünscht, muss die Bibliothek NUMPY zuerst importiert werden:

```
import numpy as np
```

Nun kann die Hilfe zum Befehl `linspace` folgendermassen angewendet werden:

```
help(np.linspace)
```

Dies liefert folgendes Resultat:

```
Help on function linspace in module numpy:

linspace(start, stop, num=50, endpoint=True, retstep=False, dtype=None,
axis=0)
    Return evenly spaced numbers over a specified interval.

    Returns `num` evenly spaced samples, calculated over the
    interval [`start`, `stop`].

    Parameters
    ----------
    start : array_like
        The starting value of the sequence.
...
    See Also
    --------
    arange : Similar to `linspace`, but uses a step size (instead of the
             number of samples).
    geomspace : Similar to `linspace`, but with numbers spaced evenly on a log
                scale (a geometric progression).
    logspace : Similar to `geomspace`, but with the end points specified as
               logarithms.

    Examples
    --------
    >>> np.linspace(2.0, 3.0, num=5)
    array([2.  , 2.25, 2.5 , 2.75, 3.  ])
    >>> np.linspace(2.0, 3.0, num=5, endpoint=False)
    array([2. , 2.2, 2.4, 2.6, 2.8])
    >>> np.linspace(2.0, 3.0, num=5, retstep=True)
    (array([2.  , 2.25, 2.5 , 2.75, 3.  ]), 0.25)
```

Es gelten folgende Regeln:

- Das Wichtige steht am Anfang (im ersten Absatz). Mit diesen Angaben können Sie den Befehl verwenden. In den nächsten Absätzen sind Zusatzinformationen für den erweiterten Gebrauch vorhanden.

- Beachten Sie am Ende der Hilfestellung den Abschnitt mit **`See Also`**. Dort sind verwandte Befehle aufgeführt:

```
See Also
--------
arange, geomspace, logspace
```

- Zudem gibt es häufig einen Abschnitt mit Beispielen, die direkt ausgeführt werden können

```
Examples
--------
>>> np.linspace(2.0, 3.0, num=5)
array([2.  , 2.25, 2.5 , 2.75, 3.  ])
>>> np.linspace(2.0, 3.0, num=5, endpoint=False)
array([2. , 2.2, 2.4, 2.6, 2.8])
>>> np.linspace(2.0, 3.0, num=5, retstep=True)
(array([2.  , 2.25, 2.5 , 2.75, 3.  ]), 0.25)
```

1.3 Fensterbasierte Hilfefunktion von Spyder

Zusätzlich ist eine fensterbasierte Hilfefunktion eingebaut, wie man sie auch von anderen Programmen kennt. Bei PYTHON ist diese Hilfe sehr gut und übersichtlich aufgebaut. Die Hilfefunktion wird NICHT vom Internet bezogen, sondern greift direkt auf die vorhandenen Bibliotheken zurück. Das bietet den Vorteil, dass sich die Hilfefunktion auf genau die installierte und verwendet Version bezieht. Das Fenster befindet sich bei der Default-Einstellung im rechten oberen Bereich.

Der nachfolgende Bildschirm zeigt die Hilfe zum Befehl `open`. Dieser Befehl befindet sich in
der Grundbibliothek.

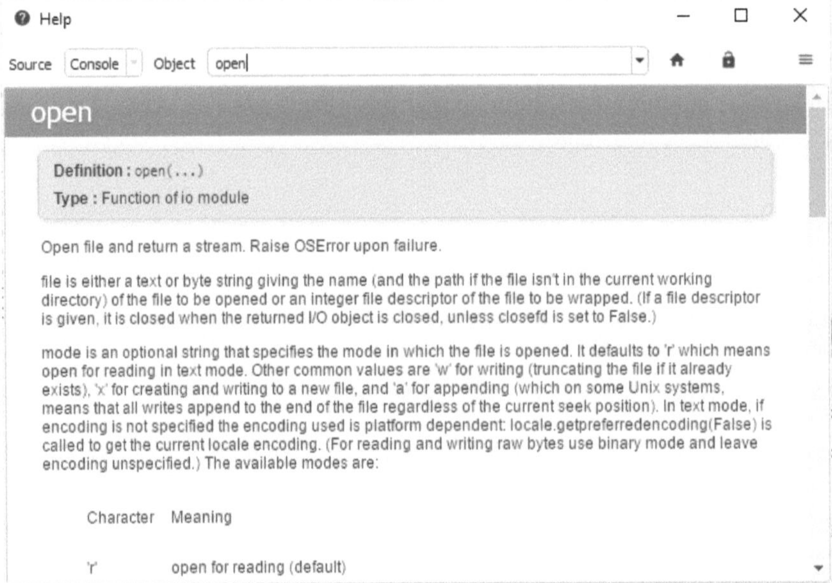

1.4 Tabulator für automatische Vervollständigung von Spyder

Falls Sie einen Befehl nicht wissen oder nicht genau wissen, dann können Sie in der Konsole
mittels eines Tabulators **<Tab>** die entsprechenden Befehle darstellen.

```
import numpy as np
np.li<Tab>
    lib
    linalg
    linspace
    little_endian
```

Wird noch der Buchstabe **n** dazugefügt, wird die Auswahl stärker eingeschränkt.

```
np.lin<Tab>
    linalg
    linspace
```

Die Bibliothek NUMPY beinhaltet eine weitere sehr clevere Hilfefunktion `lookfor`, die leider
ausschliesslich auf dieselbe Bibliothek angewendet werden kann.

Will man zum Beispiel nach Befehlen für eine Interpolation suchen, kann man das folgendermassen machen:

```
np.lookfor('interpolate')
Search results for 'interpolate'
---------------------------------
numpy.polynomial.Chebyshev.interpolate
    Interpolate a function at the Chebyshev points of the first kind.
numpy.polynomial.chebyshev.chebinterpolate
    Interpolate a function at the Chebyshev points of the first kind.
numpy.interp
    One-dimensional linear interpolation for monotonically increasing sample
points.
numpy.polyfit
    Least squares polynomial fit.
    ...
```

1.5 Letzte Befehle verwenden

In der Konsole ist es möglich, mit der Pfeil-auf-Taste ↑ und mit der Pfeil-ab-Taste ↓ die letzten Befehle aufzurufen, die eingegeben wurden. Die letzten Befehle sind zudem auch im Fenster «History» ersichtlich.

1.6 Kurzübungen zu Kap. 1

a) Studieren Sie die Hilfe der `plot`-Funktion, nachdem Sie die Bibliothek MATPLOTLIB importiert haben.

b) Suchen Sie die Hilfe für die Sinusfunktion von der Bibliothek NUMPY.

c) Öffnen Sie die fensterbasierte Hilfefunktion zum Befehl `open` und vergleichen Sie sie mit der Hilfe in der Konsole.

2. VARIABLEN, OPERATIONEN, ZAHLENFORMATE

Befehle: `+`, `-`, `*`, `/`, `print`, `whos`, `who`, `clear`, `del`

2.1 Die Konsole

Die Konsole von PYTHON können Sie als Taschenrechner benutzen. PYTHON kennt die Grundoperationen `+`, `-`, `*` und `/`.

Um zusätzliche mathematische Konstanten wie **pi**, oder **e** zu erhalten, müssen Sie die Bibliotehek NUMPY importieren.

Das Resultat wird direkt in der Konsole dargestellt.

Beispiel: Sie wollen den Querschnitt eines Drahtes berechnen. Der Durchmesser beträgt 0.5mm. Der Querschnitt beträgt:

```python
import numpy as np
pow(0.5e-3, 2)*np.pi/4          #¹ e-3=10⁻³, auch möglich: 0.5e-3**2
```

Sie erhalten folgendes Resultat (in der Konsole):

```
1.9634954084936206e-07
```

Eleganter ist es, wenn Sie den Durchmesser zuerst als Variable speichern:

```python
D = 0.5e-3
```

Diese Zahl ist nun in der Variablen **D** gespeichert. Durch erneute Eingabe des Variablennamens, kann **D** in der Konsole angezeigt werden:

```python
D
0.0005
```

Berechnen Sie nun die Fläche:

```python
A = pow(D, 2)*np.pi/4
A
1.9634954084936206e-07
```

Das Resultat ist Ihnen zu genau. Sie können die Ausgabe direkt im Befehl `print` angeben.

```python
print(f'A beträgt {A:1.3e}')
A beträgt 1.963e-07
```

---

¹ Das **#**-Zeichen deklariert einen Kommentar

Der Durchmesser ist in der Variablen `D` gespeichert, die Fläche in der Variablen **A**.

Sie wollen alle Variablen kennen, die im Workspace gespeichert sind. `whos` liefert Ihnen eine genaue Auflistung dieser Variablen:

```
whos

Variable    Type        Data/Info
-----------------------------------
A           float       1.9634954084936206e-07
D           float       0.0005
np          module      <module 'numpy' from 'C:\<...>ges\\numpy\\__init__.py'>
```

Während `who` die abgespeckte Version davon ist:

```
who

A       D       np
```

Die Variablen im Workspace erscheinen auch im „Variable Explorer" und können dort sogar editiert werden.

Einzelne Variablen können mit dem Befehl `del` gelöscht werden (z.B.: `del A`). Alle Variablen im Workspace von SPYDER können mit dem Befehl `%reset -f` gelöscht werden.

`clear` löscht alle vorhergehenden Eingaben und Ausgaben in der Konsole und gibt Ihnen einen „sauberen" Bildschirm zurück.

2.2 Kurzübungen zu Kap. 2

a) Testen Sie die Befehle `pwd` und `ls`.

b) Löschen Sie alle Variablen im der Konsole. Löschen Sie alle Ein- und Ausgaben in der Konsole.

c) Berechnen Sie das Gewicht einer Aluminiumscheibe mit $d = 60$mm, $h = 3$mm. Das spezifische Gewicht von Aluminium beträgt $2'700$ kg/m^3.

3. ZAHLEN, ARRAYS UND MATRIZEN

Befehle: `:`, `[1, 2, 3]`, `linspace`, `logspace`, `zeros`, `ones`, `array`, `matmul`, `dot`, `rot90`

3.1 Zahlen, Strings, Listen und Tuple

In PYTHON gibt es unterschiedliche Datentypen. Definieren wir folgenden Variablen.

```
a = 5
b = 3.5
c = "hallo"
```

Die Variablen werden überprüft.

```
whos
Variable   Type      Data/Info
------------------------------
a          int       5
b          float     3.5
c          str       hallo
```

Die Variable **a** wurde als einen **int** mit dem Wert **5** definiert. Die Variable **b** ist ein **float** mit dem Wert **3.5**. **c** ist ein **str** (String) mit der Grösse **5** und dem Wert **hallo**. Die Grösse **5** ist die Anzahl der enthaltenen Buchstaben.

Wir definieren eine Liste **d**.

```
d = [1, 2, 3]
d
[1, 2, 3]
```

Dies kann auch mit dem Befehl `list` gemacht werden.

```
e = list(range(4, 9))
e
[4, 5, 6, 7, 8]
```

Listen können in neue Listen verschachtelt werden:

```
f = [d, e]
f
[[1, 2, 3], [4, 5, 6, 7, 8]]
```

Werden runde Klammern verwendet, entsteht ein neuer Datentyp: ein **tuple**.

```
g = (d, e)
g
([1, 2, 3], [4, 5, 6, 7, 8])
```

Alle Variablen werden nochmals dargestellt.

```
whos
Variable    Type      Data/Info
--------------------------------
a           int       5
b           float     3.5
c           str       hallo
d           list      n=3
e           list      n=5
f           list      n=2
g           tuple     n=2
```

3.2 Automatische Definition von Listen und von Arrays

Häufig will man ganzzahlige Listen oder Arrays definieren.

Beispiel: Definition einer Liste mit zehn Elementen von 1 bis 10.

```
h = list(range(1, 11))
h
[1, 2, 3, 4, 5, 6, 7, 8, 9, 10]
```

Wenn man an MATLAB® gewohnt ist, vermisst man spätestens hier die Arrays, welche auch als Vektoren bekannt sind. In PYTHON muss man nicht auf diese Datentypen verzichten. Diese sind in der Bibliothek NUMPY vorhanden.

```
import numpy as np
i = np.arange(10)
i
array([0, 1, 2, 3, 4, 5, 6, 7, 8, 9])
```

Will man einen Vektor mit unganzzahligen Elementen definieren, welche immer denselben Abstand zwischen den einzelnen Elementen haben, verwendet man hier vorzugsweise den Befehl `linspace`. Bei diesem Befehl müssen der Start- und Endpunkt angegeben werden, optional die Anzahl Elemente.

```
j = np.linspace(0, 2*np.pi, 6)
j
array([0.    , 1.25663706, 2.51327412, 3.76991118, 5.02654825, 6.28318531])
```

Will man einen Vektor mit unganzzahligen Elementen definieren, welche logarithmische Abstände zwischen den einzelnen Elementen haben, verwendet man den Befehl `logspace`.

```
k = np.logspace(-1, 1, 6)
k
array([0.1     , 0.25118864, 0.63095734, 1.58489319, 3.98107171, 10.        ])
```

Will man einen Vektor aus lauter **1** definieren, verwendet man den Befehl `ones`. Analoges gilt auch für den Befehl `zeros`.

```
l = np.ones(10)
l
array([1., 1., 1., 1., 1., 1., 1., 1., 1., 1.])
```

3.3 Stapelung von Elementen und Vektoren

Elemente, Vektoren aber auch ganze Matrizen können zu neuen gestapelt werden.

Beispiele mit obigen definierten Variablen.

```
A = [a, b]
A
[5, 3.5]
```

Dabei wird eine neue Liste erzeugt.

Wichtig:	PYTHON unterscheidet zwischen Gross- und Kleinschreibung. **A** hat nichts mit **a** zu tun.

Die beiden Listen **d** und **e** können auch zu einer neuen Liste zusammengefasst werden, ohne dass sich dabei die Dimension ändert. Dies ist mit dem +-Operator möglich:

```
B = d + e
B
[1, 2, 3, 4, 5, 6, 7, 8]
```

Arrays, die mit der der Bibliothek NUMPY erstellt worden sind, können in neue Listen zusammengefasst werden:

```
C = [j ,k]
C
[array([0.     , 1.25663706, 2.51327412, 3.76991118, 5.02654825, 6.28318531]),
 array([0.1    , 0.25118864, 0.63095734, 1.58489319, 3.98107171, 10.        ])]
```

Wird anstelle einer eckigen Klammer eine runde verwendet, dann entsteht der Datentyp Tuple.

```
D = (j ,k)
D
(array([0.    , 1.25663706, 2.51327412, 3.76991118, 5.02654825,  6.28318531]),
 array([0.1   , 0.25118864, 0.63095734, 1.58489319, 3.98107171, 10.        ]))
```

Will man eine Matrize erstellen, kann man folgendermassen vorgehen:

```
E = np.array([j, k])
E
array([[ 0.   , 1.25663706, 2.51327412, 3.76991118, 5.02654825,  6.28318531],
       [ 0.1 , 0.25118864, 0.63095734, 1.58489319, 3.98107171, 10.        ]])
```

3.4 Zugriff auf Elemente

Die generelle Syntax für den Zugriff auf einzelne Elemente lautet:

```
Variablenname[Zeile][Element in der Zeile]
```

Der Zugriff auf Elemente wird anhand der Listen **e** und **f** erklärt.

Das erste Element hat den Index **0** und wird fortlaufend nummeriert. Die Liste **e** hat **5** Elemente. Die Adressierung geht in diesem Fall von **0 . . . 4**.

```
e
[4, 5, 6, 7, 8]
e[0]
4
e[4]
8
```

Es können auch mehrere Elemente ausgegeben werden:

```
e[:4]
[4, 5, 6, 7]
```

Der Doppelpunkt vorne schliesst alle vorderen Elemente mit ein. Man kann den Zugriff auch stärker einschränken:

```
e[2:4]
[6, 7]
```

Will man auf das letzte Element zugreifen, kann man dies folgendermassen machen:

```
e[-1]
[8]
```

Entsprechend sieht der Zugriff auf die letzten drei Elemente aus:

```
e[-3:]
[6, 7, 8]
```

Hier ein Versuch, dies grafisch darzustellen:

Werte in **e**:	`[ 4,  5,  6,  7,  8]`
Adressen für **e**:	`[ 0,  1,  2,  3,  4]`
oder vom letzten Element her gezählt:	`[-5, -4, -3, -2, -1]`

Die Liste **f** ist eine verschachtelte Liste der Liste **d** und **e**. Aus diesem Grund wird die Grösse als **2** angezeigt, obwohl total **8** Elemente vorhanden sind.

In der ersten Teilliste befinden sich **3** Elemente, in der zweiten **5** Elemente.

Die Adressierung geht in diesem Fall in der ersten Teilliste von **0...2.**, in der zweiten von **0...4.**

Die einzelnen Elemente können folgendermassen adressiert werden:

```
f
[[1, 2, 3], [4, 5, 6, 7, 8]]
f[0][0]
1
f[0][1]
2
f[1][0]
4
f[1][2]
6
f[1][:]
[4, 5, 6, 7, 8]
f[-1][-1]
8
```

Die Adressierung kann genau gleich auf den Datentyp **tuple** angewendet werden.

```
g[1][:]
[4, 5, 6, 7, 8]
```

Der Doppelpunkt kann mit dem Wort «alle» gleichgesetzt werden.

Wir betrachten den Zugriff auf mehrdimensionale Elemente mit den Variablen C, D und E.

Wir möchten in der zweiten Zeile das 5te Element wissen:

```
C[1][4]
3.981071705534973
D[1][4]
3.981071705534973
E[1][4]
3.981071705534973
```

Dies ist eine ausgesprochene Stärke von PYTHON! Obwohl es sich um drei verschiedene Datentypen handelt, ist der Zugriff jeweils identisch!

```
whos

Variable    Type       Data/Info
------------------------------

A           list       n=2
B           list       n=8
C           list       n=2
D           tuple      n=2
E           ndarray    2x6: 12 elems, type `float64`, 96 bytes
```

> **Wichtig:** PYTHON beginnt bei 0 zu zählen. Der letzte Index ist also immer um 1 kleiner, als die Grösse der Liste oder eines Vektors.
>
> ```
> B[8]
> IndexError: list index out of range
> ```

3.5 Vektorrechnung und Matrizenrechnung

Wir definieren zwei neue Vektoren **m** und **n** mit der gleichen Länge:

```
m = np.array(range(1, 7))
m
array([ 1,  2,  3,  4,  5,  6])


n = np.array(range(2, 14, 2))
n
array([ 2,  4,  6,  8, 10, 12])
```

Wir addieren beide Vektoren:

```
o = m + n
o
array([ 3,  6,  9, 12, 15, 18])
```

Wir subtrahieren beide Vektoren:

```
p = m - n
p
array([-1, -2, -3, -4, -5, -6])
```

Jetzt wollen wir beide Vektoren elementweise multiplizieren:

```
q = m * n
q
array([ 2,  8, 18, 32, 50, 72])
```

Das Skalarprodukt beider Vektoren kann man folgendermassen berechnen:

```
r = np.dot(m, n)
r
182
```

Analog gilt bei der elementweisen Division:

```
s = m / n
s
array([0.5, 0.5, 0.5, 0.5, 0.5, 0.5])
```

Nun bilden wir zwei eindimensionale Arrays:

```python
t = np.array([range(1, 7)])
t

array([[1, 2, 3, 4, 5, 6]])


u = np.array([range(2, 14, 2)])
u

array([[ 2,  4,  6,  8, 10, 12]])
```

Die Arrays (Vektoren) können nicht direkt multipliziert werden, da die inneren Grössen nicht übereinstimmen.

```python
F = t @ u
t

ValueError: matmul: Input operand 1 has a mismatch in its core dimension 0,
with gufunc signature (n?,k),(k,m?)->(n?,m?) (size 1 is different from 6)
```

Wird der Vektor **t** um 90° gedreht, dann ergibt sich eine klassische Matrizen-Multiplikation.

```python
t = np.rot90(t)                    # oder: t.T
F = t @ u                          # oder: F = np.matmul(t, u)
F

array([[12, 24, 36, 48, 60, 72],
       [10, 20, 30, 40, 50, 60],
       [ 8, 16, 24, 32, 40, 48],
       [ 6, 12, 18, 24, 30, 36],
       [ 4,  8, 12, 16, 20, 24],
       [ 2,  4,  6,  8, 10, 12]])
```

Eine Matrize kann folgendermassen definiert werden:

```python
G = np.array([[1, 2], [3, 4]])
G
array([[1, 2],
       [3, 4]])
```

3.6 Kurzübungen zu Kap. 3

a) Studieren Sie die Befehle `linspace` und `logspace`. Wo sind die Unterschiede?

b) Erstellen Sie einen Vektor **a** mit 20 Elementen von 0 bis 19 (ohne `linspace`).

c) Erstellen Sie einen Vektor **b** mit 20 Elementen von 0 bis 2π.

d) Erstellen Sie eine 2x20 Matrix **A** mit den Vektoren **a** und **b**.

e) Setzen Sie die beiden Elemente in der letzten Spalte auf 0.

4. Zweidimensionale grafische Darstellungen

Befehle: `plot, subplot, grid, xlim, ylim, title, xlabel, ylabel, legend`

Dieser Theorieteil wird mithilfe eines Beispiels einer „geplotteten" Sinusfunktion und einer Kosinusfunktion erläutert.

Für diese Beispiele werden die Bibliothek NumPy und Matplotlib verwendet.

4.1 Darstellung in einer Achse (`plot`)

Ein x-Vektor von 0 bis 4π mit 200 Werten wird erzeugt:

```python
import numpy as np
import matplotlib.pyplot as plt

x = np.linspace(0, 4*np.pi, 200)
```

Der zugehörige y-Vektor wird berechnet:

```python
y = np.sin(x)
```

Die z-Werte werden berechnet:

```python
z = np.cos(x)
```

Die erste Figur (Bild) wird geöffnet:

```python
plt.figure()
```

Bei der ersten Verwendung von `plot` wird automatisch eine neue Figur erstellt. Der Befehl `figure` ist dann nicht nötig. Bei einer weiteren Verwendung von `plot` wird in die aktuelle Figur gezeichnet. Will man eine neue Figur erstellen, muss der Befehl `figure` ausgeführt werden.

1. Die Sinusfunktion wird dargestellt:

`plt.plot(x, y, label='Sinus')`

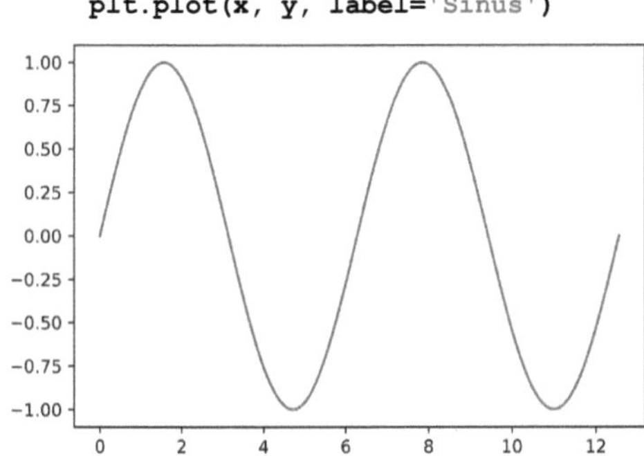

2. Die Achsen werden eingestellt:

`plt.axis([0, 4*np.pi, -1, 1])`

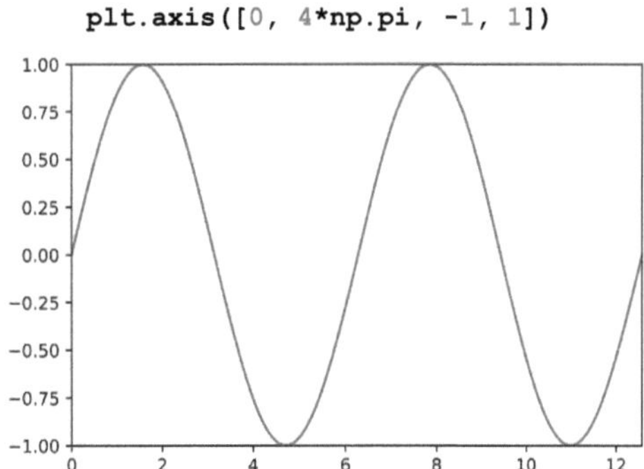

3. Das Gitternetz wird eingeschaltet:

`plt.grid(True)`

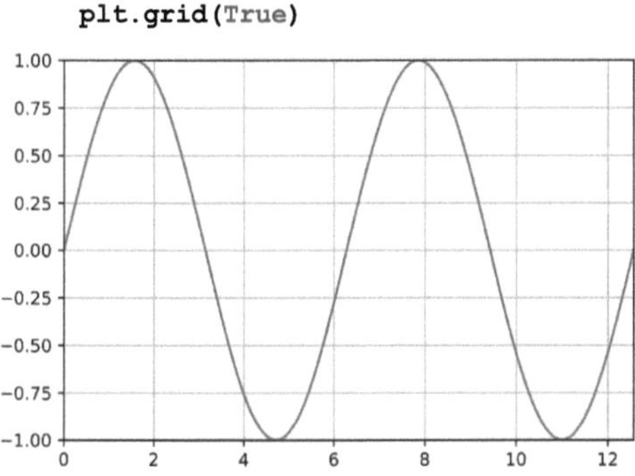

4. Ein Titel wird gesetzt:

`plt.title('Sinusfunktion')`

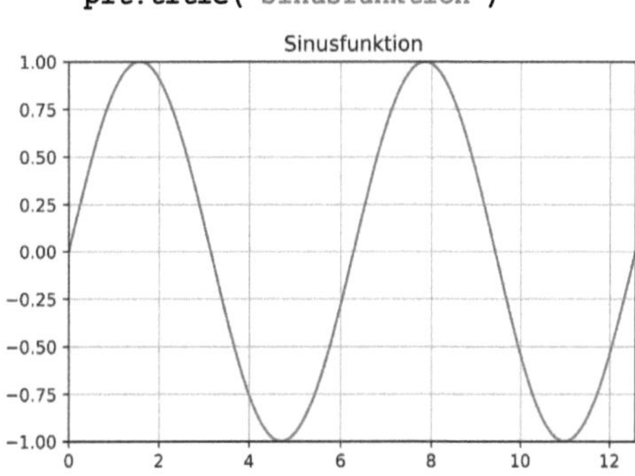

5. Die x-Achse wird beschriftet:

```
plt.xlabel('Argument [rad]')
```

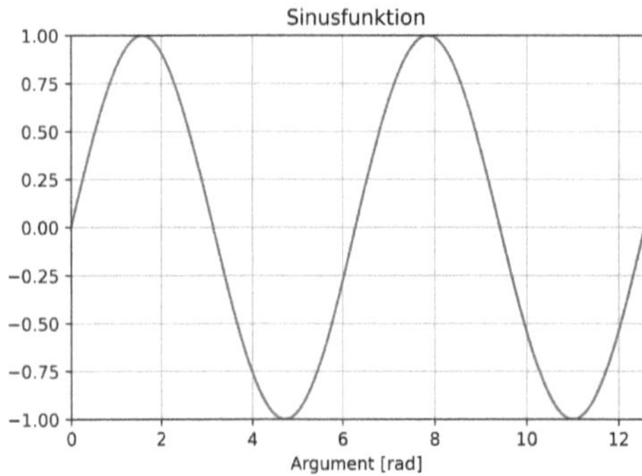

6. Die Kosinusfunktion wird rot und gestrichelt gezeichnet:

```
plt.plot(x, z, 'r--',
label='Kosinus')
```

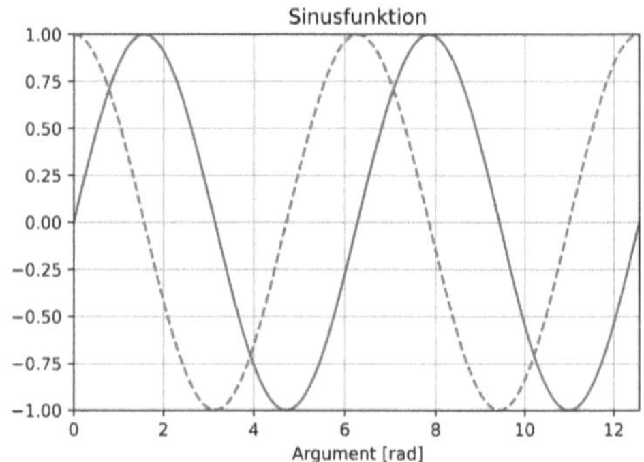

7. Der Titel wird gewechselt:

```
plt.title('Sinus- und
Kosinusfunktion')
```

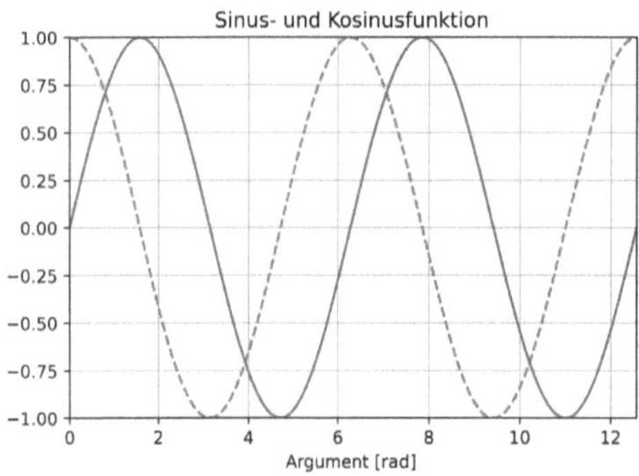

8. Eine Legende wird hinzugefügt:

```
plt.legend(loc='upper right')
```

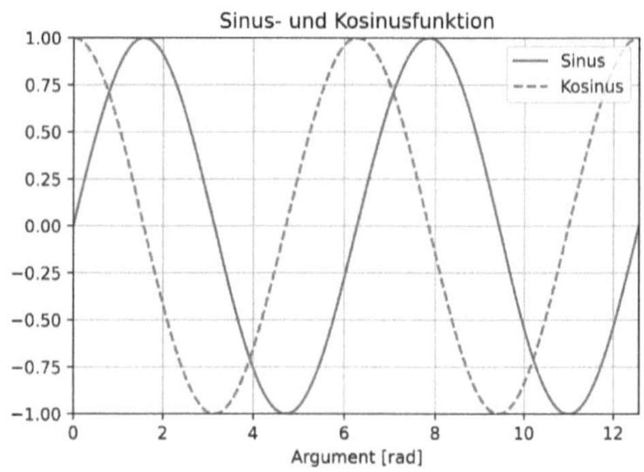

Bemerkungen und Kommentare:

- Falls der Befehl `plot(x,y)` verwendet wird, müssen die Vektoren **x** und **y** die gleiche Länge haben.

- Für eine schnelle Überprüfung von Vektoren kann der Befehl `plt.plot(y)` verwendet werden. Die **x**-Achse stellt den Index des Vektors **y** dar.

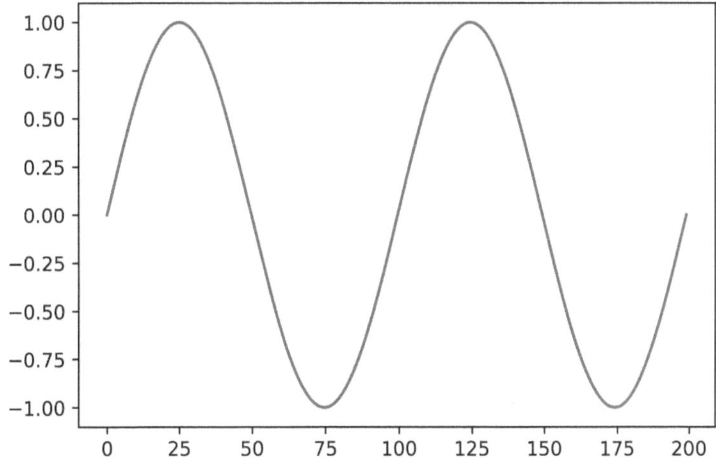

- Der Text kann sowohl mit einfachen Anführungszeichen gekennzeichnet werden oder auch mit doppelten:
  ```
  plt.title('Sinus- und Kosinusfunktion')
  plt.title("Sinus- und Kosinusfunktion")
  ```

4.2 Darstellung mehrerer Plots in einem Fenster `(subplot)`

Der Befehl `subplot` erlaubt die Anordnung mehrerer Zeichnungen (plots) in einem Fenster. Die *erste Zahl* von `subplot` zeigt an, in wie viele *Zeilen*, die *zweite Zahl*, in wie viele *Spalten* das Fenster unterteilt wird. Die letzte Zahl ist eine Laufnummer für die Adressierung der entsprechenden Zeichnung.

1. Beispiel `plt.subplot(12x)`:

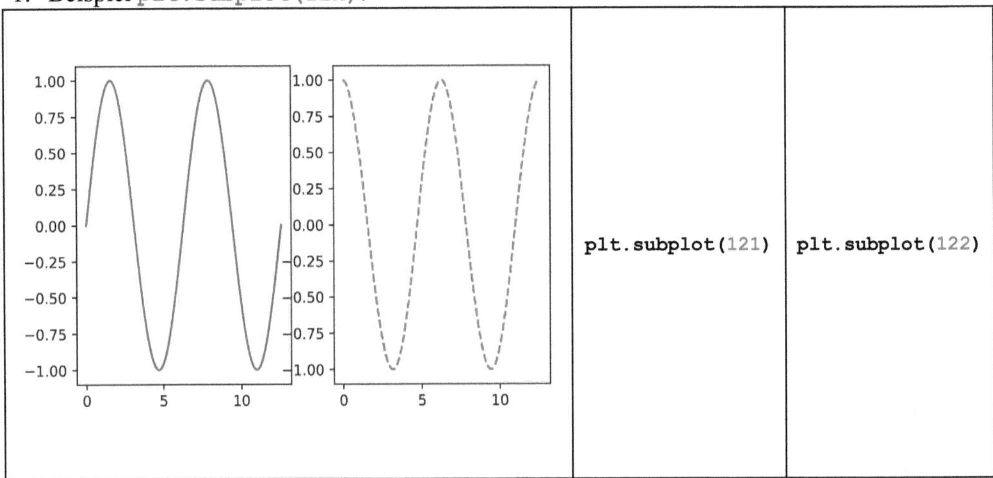

2. Beispiel `plt.subplot(32x)`:

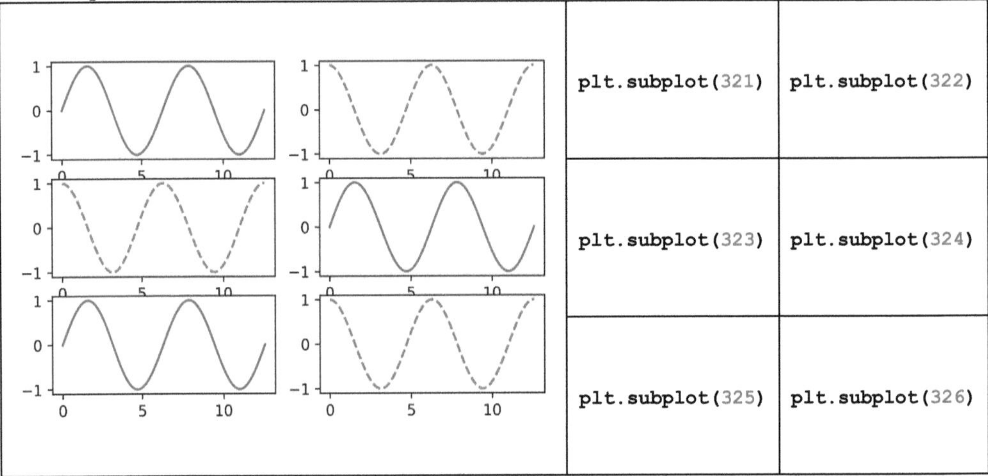

In diesem Beispiel werden die Sinus- und die Kosinusfunktion in zwei Figuren dargestellt. Die Variablen **x**, **y**, und **z** werden weiterhin verwendet.

Die zweite Figur wird geöffnet (nötig, damit die erste Figur nicht überschrieben wird):

```python
plt.figure(2)                    # oder einfach plt.figure()
```

1. Die Sinusfunktion wird in der ersten Zeile dargestellt:

```python
plt.subplot(211)
plt.plot(x, y)
```

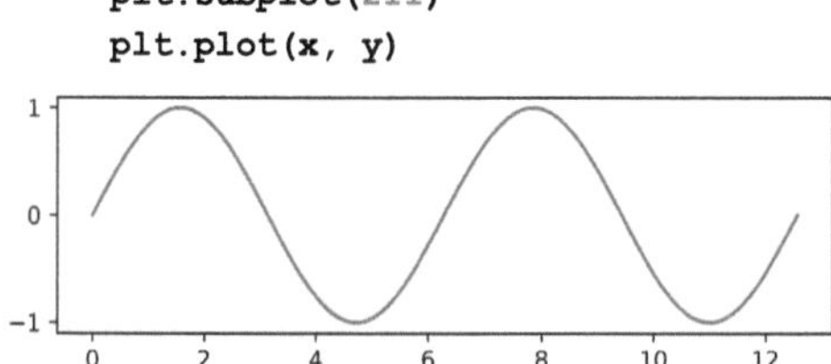

2. Die Achsen werden eingestellt:

```python
plt.xlim([0, 4*np.pi])
```

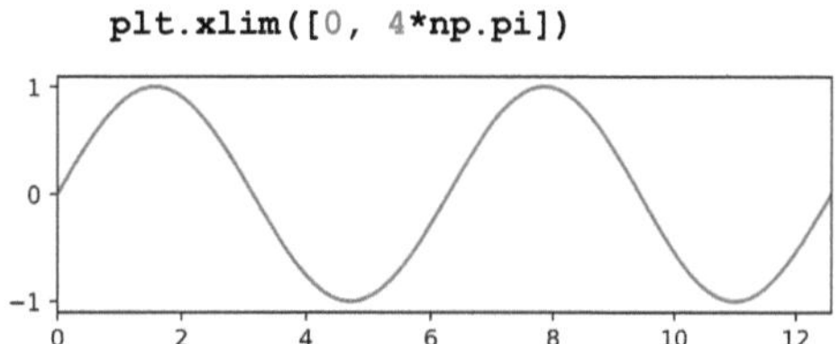

3. Das Gitternetz wird eingeschaltet:

```python
plt.grid(True)
```

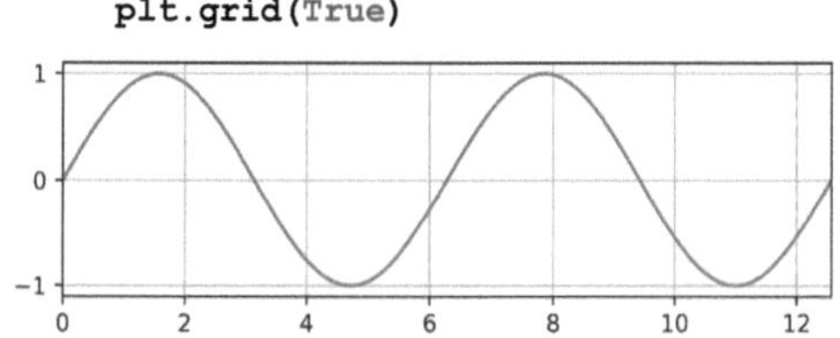

4. Ein Titel wird gesetzt:

```python
title('Sinusfunktion')
```

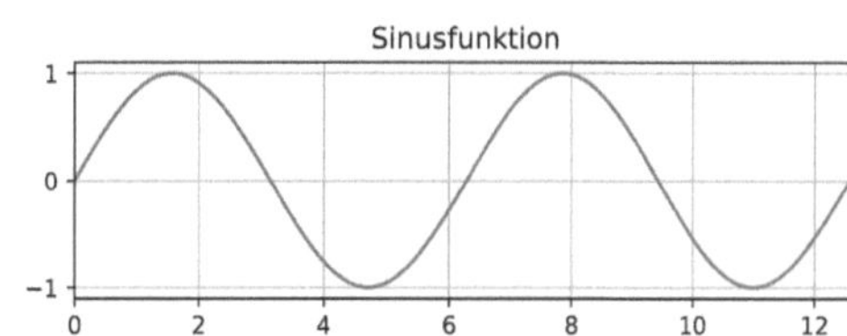

5. Die Kosinusfunktion wird in der zweiten Zeile rot und gestrichelt gezeichnet:

```
plt.subplot(212)
plt.plot(x, z, 'r--')
```

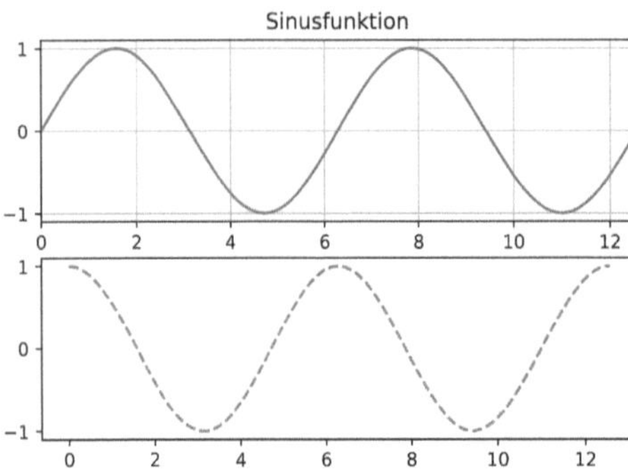

6. Achsen und Gitter müssen separat eingestellt werden:

```
plt.xlim([0, 4*np.pi])
plt.grid(True)
```

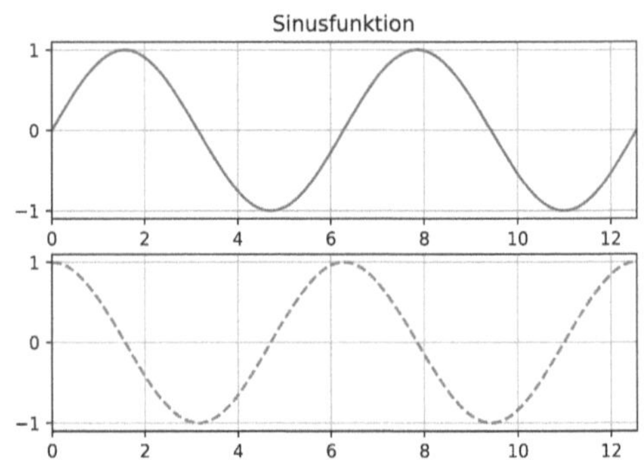

7. Der Titel wird gesetzt:

```
plt.title('Kosinusfunktion')
```

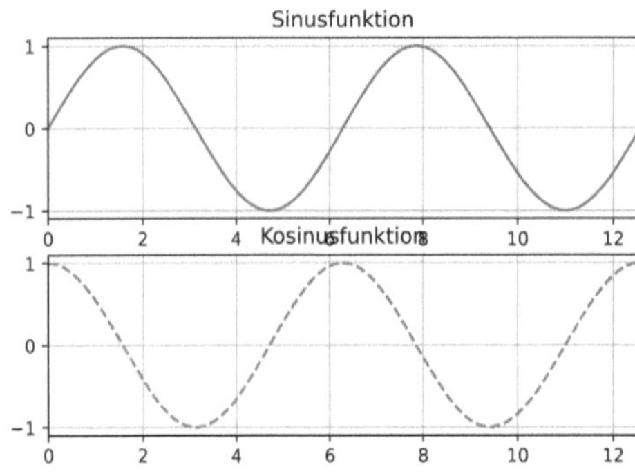

8. Die x-Achse wird beschriftet:

```
plt.xlabel('Argument [rad]')
```

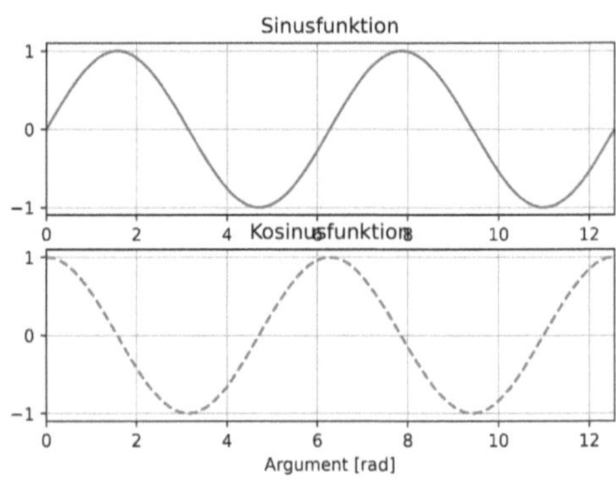

9. Mit `subplot` kann zwischen den Achsen gewechselt werden:

```python
plt.subplot(211)
plt.title('Die Sinusfunktion ist
oben')
```

10. Zudem kann mit dem Befehl `tight_layout` verhindert werden, dass sich Titel und Achsen überschneiden.

```python
plt.subplot(212)
plt.title('Die Kosinusfunktion ist
unten')
plt.tight_layout()
```

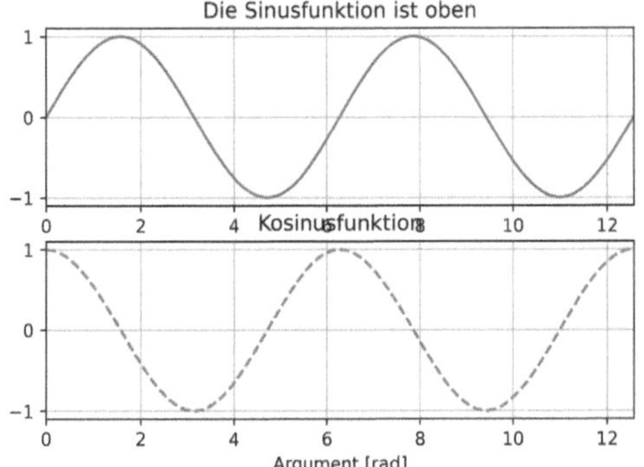

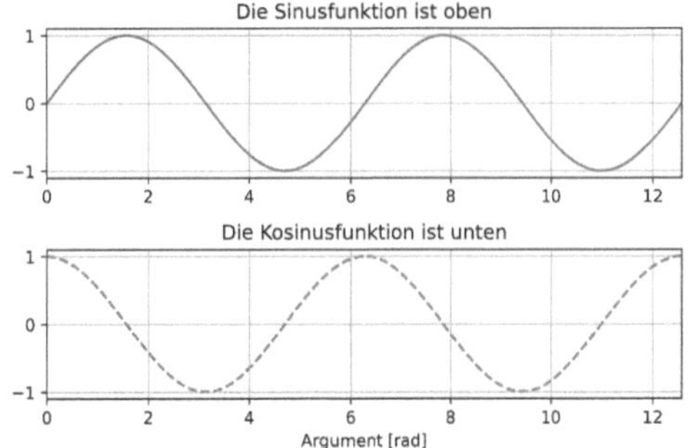

Die einzelnen Plots können beliebig im Fenster verteilt werden.

4.3 Kurzübungen zu Kap. 4

a) Stellen Sie $\sin(x)$, $\sin(2x)$ und $\sin(3x)$ gemeinsam in einer Figur dar. Beschriften Sie diese Figur ausführlich (Achsen) und erstellen Sie eine Legende.

b) Stellen Sie diese Funktionen in einer neuen Figur untereinander dar.

c) Stellen Sie e^x und $\ln(x)$ in einer Figur dar.

5. SCHLEIFEN, VERZWEIGUNGEN UND VERGLEICHE

Befehle: `for`, `while`, `break`, `continue`, `if`, `elif`, `else`, `<`, `<=`, `>`, `>=`, `==`, `!=`, `and`, `or`, `not`

5.1 Schleifen (`for` und `while`)

Es gibt zwei verschiedene Befehle für Schleifenstrukturen: `for` und `while`.

Der `for`-Befehl wird verwendet, wenn man „*ganzzahlige*" Bedingungen setzt und Indizes erhöht. Der `while`-Befehl wird verwendet, wenn eine Befehlsanweisung mit „*solange*" übersetzt werden kann.

Der `for`-Befehl wird häufiger verwendet.

5.1.1 Die `for`-Schleife

Die allgemeine Struktur einer `for`-Schleife lautet:

```
for Zählvariable in Zähler:
    Befehl 1
    Befehl 2
    ...


weitere Befehle ausserhalb der for-Schleife
```

Beispiel eines Programms, welches die Quadratzahlen von 0 bis 9 ausgibt. **x1** und **x2** und haben den Datentyp **list**.

```
x1 = []                          # Erzeugung einer leeren Liste x1
x2 = []                          # Erzeugung einer leeren Liste x2

for k in range(10):
    x1.append(k)
    x2.append(k**2)

x1
[0, 1, 2, 3, 4, 5, 6, 7, 8, 9]
x2
[0, 1, 4, 9, 16, 25, 36, 49, 64, 81]
```

Anstelle des `append`-Befehls, kann die Liste auch mit **x1 += [k]** erweitert werden. Dies wird aus Gründen der Effizienz nicht empfohlen, da jedes Mal eine neue Liste erstellt wird.

Will man die Quadratzahlen von 1 bis 10 ausgeben, so kann dies folgendermassen getan werden. **x3** und **x4** und haben wiederum den Datentyp **list**.

```python
x3 = []                              # Erzeugung einer leeren Liste x3
x4 = []                              # Erzeugung einer leeren Liste x4


for k in range(10):
    x3.append(k+1)
    x4.append((k+1)**2)


x3
[1, 2, 3, 4, 5, 6, 7, 8, 9, 10]
x4
[1, 4, 9, 16, 25, 36, 49, 64, 81, 100]
```

Markant: Die Elemente werden nicht adressiert, da die Liste Stück für Stück vergrössert wird: sicher ein grosser Vorteil von Listen!

Analysieren wir, wie das gleiche Programm mit Arrays programmiert werden kann. Zuerst werden die Quadratzahlen von 0 bis 9 ausgegeben.

```python
import numpy as np
x1_A = np.zeros(10)                  # Initialisierung der Array x1_A mit 0
x2_A = np.zeros(10)                  # Initialisierung der Array x2_A mit 0


for k in range(10):
    x1_A[k] = k
    x2_A[k] = pow(k, 2)


x1_A
array([[0., 1., 2., 3., 4., 5., 6., 7., 8., 9.]])
x2_A
array([[ 0.,  1.,  4.,  9., 16., 25., 36., 49., 64., 81.]])
```

Nun werden die Quadratzahlen von 1 bis 10 ausgeben:

```python
import numpy as np
x3_A = np.zeros(10)                  # Initialisierung der Array x3_A mit 0
x4_A = np.zeros(10)                  # Initialisierung der Array x4_A mit 0


for k in range(10):
    x3_A[k] = k + 1
    x4_A[k] = (k + 1)**2


x3_A
array([[ 1.,  2.,  3.,  4.,  5.,  6.,  7.,  8.,  9., 10.]])
x4_A
array([[ 1.,  4.,  9., 16., 25., 36., 49., 64., 81., 100.]])
```

Die Speicherplätze müssen in diesem Fall adressiert werden. Der Code und auch die Komplexität davon ist vergleichbar: bei den Arrays ist die Adressierung etwas komplizierter, bei den Listen dafür der append-Befehl etwas gewöhnungsbedürftig.

5.1.2 Die `while`-Schleife

Die allgemeine Struktur einer `while`-Schleife lautet:

```
Initialisierung                          # Initialisierung der Bedingungsvariablen
while Bedingung:                         # solange die Bedingung wahr ist...
    Befehl 1
    Befehl 2
    ...
    Veränderung der Bedingung

weitere Befehle ausserhalb der while-Schleife
```

Dieses Programm gibt die Quadratzahlen von 1 bis 10 aus. Beachten Sie die Unterschiede zum `for`-Befehl:

```
x5 = []                                  # Erzeugung einer leeren Liste x5
x6 = []                                  # Erzeugung einer leeren Liste x6

k = 1                                    # Initialisierung der Bedingungsvariablen k
while k <= 10:                           # solange k kleiner oder gleich 10 ist
    x5.append(k)
    x6.append(k**2)
    k = k + 1                            # Erhöhung von k um 1, auch möglich: k += 1

x5
[1, 2, 3, 4, 5, 6, 7, 8, 9, 10]
x6
[1, 4, 9, 16, 25, 36, 49, 64, 81, 100]
```

Die `while`-Struktur sieht zwar komplexer aus, trotzdem hat sie eine Berechtigung, vor allem, wenn Bedingungen mit *unganzzahligen* Werten gestellt werden oder wenn beim Einstieg in die Schleife die Anzahl Iterationen unbekannt ist.

5.1.3 Vorzeitiges Verlassen von Schleifen (`break`)

Mit dem Befehl `break` kann man eine Schleife vorzeitig verlassen, d.h. bevor die Bedingung falsch ist.

Hat man mehrere ineinander verschachtelte Schleifen, so bewirkt der Befehl `break` das Verlassen der Schleife, in welcher der Befehl angewendet wird. Ist noch eine übergeordnete Schleife vorhanden, wird diese normal ausgeführt.

5.1.4 Neustart von Schleifen `(continue)`

Mit dem Befehl `continue` kann man wieder an den Start einer Schleife springen.

Die übrigen Befehle in der Schleife werden dann übersprungen und das Programm springt wieder zum Beginn der Schleife.

Dieser Befehl eignet sich gut, um z.B. eine Fehlermeldung auszugeben und dann wieder neu zu starten.

5.2 Verzweigungen und Vergleiche

5.2.1 Die `if`*-Verzweigung*

Der `if`-Befehl kann als „wenn-dann" aufgefasst werden. Die allgemeine Struktur des `if`-Befehls lautet:

```
if Bedingung 1:
        Befehle, falls Bedingung 1 zutrifft
elif Bedingung 2:
        Befehle, falls Bedingung 2 zutrifft - Bedingung 1 aber nicht
elif Bedingung 3:
        Befehle, falls Bedingung 3 zutrifft - Bedingung 1 und 2 aber nicht
...
else:
        Befehle, falls keine der obigen Bedingen (hier 1 -3) zutrifft

weitere Befehle ausserhalb der if-Verzweigung
```

Hat man nur eine Bedingung, dann vereinfacht sich die allgemeine Struktur zu:

```
if Bedingung 1:
        Befehle
else:
        Befehle

weitere Befehle ausserhalb der if-Verzweigung
```

Folgendes Programm bestimmt das Vorzeichen einer Zahl **a**:

```
if a < 0:
        print('Die Zahl ist negativ')
elif a == 0:
        print('Die Zahl ist Null')
else:
        print('Die Zahl ist positiv')
```

5.2.2 *Einfache Vergleiche* `(<,  <=,  >,  >=,  ==,  !=)`

Um Bedingungen zu erstellen, müssen Vergleiche gemacht werden. Diese sind in nachfolgender Tabelle zusammengestellt:

`<`	kleiner als
`<=`	kleiner als oder gleich
`>`	grösser
`>=`	grösser als oder gleich
`==`	gleich
`!=`	ungleich

> Merke: Um die Variablen **a** und **b** auf Gleichheit zu testen, wird der Befehl **a == b** verwendet. Verwenden Sie nicht **a = b**, sonst wird **b** in **a** abgespeichert!

5.2.3 *Verknüpfung von Vergleichen, logische Vergleiche* `(or,  and,  not)`

Werden mehrere Vergleiche miteinander verknüpft, werden logische Vergleiche verwendet. Diese sind in nachfolgender Tabelle zusammengestellt:

`or`	logisches ODER
`and`	logisches UND
`not`	logisches NICHT

Folgendes Programm untersucht den Wertebereich der Variablen **a**:

```python
if (a > 5) and (a < 10):
    print('Die Zahl ist zwischen 5 und 10')
elif (a == 5) or (a == 10):
    print('Die Zahl ist 5 oder 10')
else:
    print('Die Zahl kleiner als 5 oder grösser als 10')
```

5.3 Kurzübungen zu Kap. 5

a) Schreiben Sie eine `if` - Schleife, die den Wert einer Variablen im Wertebereich von 0 ... 15 in eine Hexadezimale Zahl umwandelt und diese in der Konsole ausgibt.

b) Erstellen Sie eine Fehlerbehandlung dazu.

6. DATENTYPEN UND DATENSTRUKTUREN

Befehle: `int, float, str, bool, complex, list, tuple, dict, array`

6.1 Datentypen: Integer, Float, String und Boolean

PYTHON ist eine interpretierte Sprache, im Gegensatz zu kompilierten Sprachen wie C. Aus diesem Grund werden in PYTHON die Datentypen dynamisch zugeordnet und man muss sich in der Regel nicht um die Datentypen kümmern.

Bei Programmen mit Eingaben von Daten ist es jedoch wichtig, dass man sich mit Datentypen auskennt.

Die folgende Tabelle zeigt die am häufigsten vorkommenden Datentypen in PYTHON.

Datentyp	*geläufiger Name*	*Beschreibung*
`int`	Integer	ganze Zahlen
`float`	Float	Fliesskommazahlen
`str`	String	Zeichenketten (einzelne Buchstaben, Wörter, Sätze oder ganze Texte)
`bool`	Boolean	Boolsche Variablen mit entweder dem Wert `False` oder `True`
`complex`	komplexe Zahl	Eine komplexe Zahl wird mit dem Operator `j` erzeugt.

In PYTHON gibt es unterschiedliche Datentypen. Definieren wir folgende Variablen.

```python
a = 5
b = 3.5
c1 = "heute"
c2 = 'ist'
c3 = "ein guter Tag"
d1 = False
d1 = True
e = 3 + 5j
```

Der Text (String) kann sowohl mit einfachen oder auch mit doppelten Anführungszeichen gekennzeichnet werden: `"heute"` oder `'heute'` sind exakt gleichbedeutend!

Alle in der Tabelle aufgelisteten Datentypen sind «immutable», also unveränderbar. Nachdem `c1 = "heute"` gesetzt wurde, ergibt der Befehl `c1[2] = 'f'` eine Fehlermeldung.

Mit dem Befehl `whos` werden die Datentypen und auch die Daten ausgegeben:

```
whos

Variable    Type        Data/Info
--------------------------------
a           int         5
b           float       3.5
c1          str         heute
c2          str         ist
c3          str         ein guter Tag
d1          bool        True
d2          bool        False
e           complex     (3+5j)
```

Zudem kann man mit dem Befehl `type` überprüfen, welcher Datentyp die Daten haben und dies zum Beispiel für Eingabeabfragen verwenden:

```
type(a)
int


type(e)
complex
```

Die Variablen und die Datentypen sind auch im «Variable Explorer» in Spyder ersichtlich:

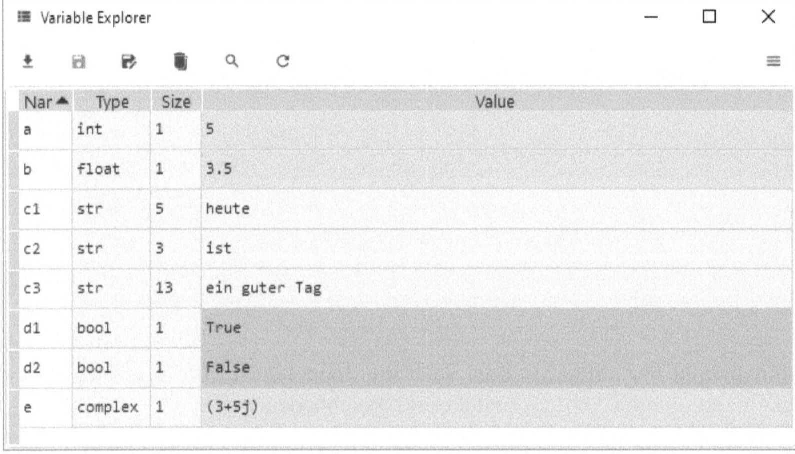

6.2 Datenstrukturen: Listen, Tuple, Dictionaries, Arrays und Matrizen

Einzelne Daten können in PYTHON zusammengefasst werden. Diese Strukturen können Daten aus allen gleichen Datentypen enthalten oder auch aus gemischten.

Nachträglich sind Datentypen von PYTHON und auch Datentypen aus der Bibliothek NUMPY aufgelistet:

Datentyp	*geläufiger Name*	*Beschreibung*	*Bibliothek*
`list`	Liste	Eine veränderbare (mutable) Liste von Daten. Adressierbar mittels Zahlen.	PYTHON
`tuple`	Tuple	Eine statische (immutable) Liste von Daten. Adressierbar mittels Zahlen.	
`dict`	Dictionary	Eine Liste von Daten, auf die mittels der Elementnamen zugegriffen werden kann.	
`ndarray(x,)`	Ein- zwei und mehrdimensionale Arrays	Ein Array ist eine Sammlung von den Datentypen in Zeilen. Bei einer Zeile spricht man von einem Vektor, bei zwei Zeilen von einer Matrize.	NUMPY
`matrix(x, y)`	Matrize Veraltet!	Soll nicht mehr verwendet werden! Anstelle dessen der Datentyp `ndarray(x,)` verwenden	

6.2.1 Listen (`list`) [ ]

Eine Liste ist eine *veränderliche,* geordnete Sequenz von Elementen, welche sich innerhalb von *eckigen* Klammern [ ] befinden.

Listen können innerhalb der gleichen Liste unterschiedliche Datentypen beinhalten.

Der Zugriff auf die Daten innerhalb einer Liste wird mit einer *numerischen* Adressierung innerhalb von eckigen Klammern gemacht. Ebenfalls können Werte verändert werden.

```
L1 = [1, 2, 3]
L2 = list(range(10, 14))
L3 = 'guten Tag'
L = [L1, L2, L3]
[[1, 2, 3], [10, 11, 12, 13], 'guten Tag']
L[2][4]
'n'
L1[1] = 4
L1
[1, 4, 3]
```

6.2.2 Tuple (`tuple`) ( )

Ein Tuple ist eine **unveränderliche,** geordnete Sequenz von Elementen, welche sich innerhalb von *runden* Klammern ( ) befinden.

Auch Tuples können unterschiedliche Datentypen beinhalten.

Genau gleich, wie bei der Liste, wird auch hier der Zugriff auf die Daten mit einer *numerischen* Adressierung innerhalb von eckigen Klammern getätigt. Werte können jedoch nicht verändert werden:

```
T1 = (1, 2, 3)
T2 = range(10, 14)
T3 = 'guten Tag'
T = [T1, T2, T3]
((1, 2, 3), (10, 11, 12, 13), 'guten Tag')
T[1][2]
12
T1[1] = 4
TypeError: 'tuple' object does not support item assignment
```

6.2.3 Dictionaries (`dict`) { }

Ein Dictionary ist eine *veränderliche,* geordnete Sequenz von Elementen, welche sich innerhalb von *geschweiften* Klammern { } befinden. Jedes Element hat jedoch zwei Inhalte: einen Elementnamen und einen Elementwert.

Der grosse Vorteil eines Dictionaries besteht darin, dass auf den Elementinhalt mit dem *Elementnamen* zugegriffen werden kann. Somit muss man nicht wissen, in welcher Reihenfolge die Elemente gespeichert wurden.

Bei der Erstellung eines Dictionaries lohnt es sich, die zugehörigen Elementnamen und Elementwerte nebeneinander zu schreiben, um die Übersicht zu behalten. So kann man sehr einfach auch neue Elemente hinzufügen, ohne die Übersicht zu verlieren. Zudem ist es möglich, hinter dem Elementwert einen Kommentar anzufügen, z.B. welcher Datentyp enthalten ist oder welche Einheit eine Zahl hat.

```
Motor = {'Typ':       'Asynchronmotor',    # String
         'Leistung':  600,                 # [kW]
         'Spannung':  440,                 # [V]
         'Strom':     1200,                # [A]
         'Baujahr':   'Aug-2022'}          # mmm-yyyy

Motor
{'Typ': 'Asynchronmotor',
 'Leistung': 600,
 'Spannung': 440,
 'Strom': 1200,
 'Baujahr': 'Aug-2022'}
```

Der Zugriff auf den Elementwert geschieht durch den Elementnamen:

```
Motor['Strom']
```
```
1200
```

Kennt man die Elementnamen nicht mehr, so kann man diese folgendermassen abrufen:

```
list(Motor.keys())
```
```
['Typ', 'Leistung', 'Spannung', 'Strom', 'Baujahr']
```

Die Ausgabe erfolgt in der Reihenfolge der Erstellung. Möchte man die Elementnamen in alphabetischer Reihenfolge, so kann dies folgendermassen gemacht werden:

```
sorted(Motor.keys())
```
```
['Baujahr', 'Leistung', 'Spannung', 'Strom', 'Typ']
```

Hat man bei der Definition ein Element vergessen, kann dies einfach hinzugefügt werden:

```
Motor['Gewicht'] = 120
```

Das Element **Gewicht** ist nun im Dictionary enthalten:

```
Motor
```
```
{'Technik': 'Asynchronmotor',
 'Leistung': 600,
 'Spannung': 440,
 'Strom': 1200,
 'Baujahr': 'Aug-2022',
 'Gewicht': 120}
```

Sinnvollerweise wird das Element bei der ursprünglichen Definition hinzugefügt.

Auf ähnliche Weise kann ein Element gelöscht werden:

```
del Motor['Baujahr']
```

Dictionaries können auch mit dem Befehl `dict` erstellt werden.

6.2.4 Arrays (`ndarray`)

Dieser Datentyp stammt aus der Bibliothek NUMPY und gehört nicht zur «Grundausstattung» von PYTHON. Die Befehle von NUMPY sind jedoch so grundlegend, dass diese Datentypen auch hier aufgeführt werden.

In Arrays können alle in PYTHON vorhandenen Datentypen abgespeichert werden. Arrays bestehen aus dem Datentyp `ndarray`.

Sobald man die Befehle `linspace` und `logspace` verwenden will oder klassische Matrizenrechnungen macht, will man auf diese Datentypen nicht verzichten.

In diesem Beispiel ist auch ersichtlich, dass zweidimensionale Arrays klassische Matrizen sind:

```python
import numpy as np
A1 = np.array(range(1, 7))
A2 = np.linspace(0, 2*np.pi, 6)
A = np.array([A1, A2])

A
array([[1.        , 2.        , 3.        , 4.        , 5.        , 6.        ],
       [0.        , 1.25663706, 2.51327412, 3.76991118, 5.02654825, 6.28318531]])

M1 = np.array([[1, 2], [3, 4]])
M2 = np.array([A1, A2])

M1
array([[1, 2],
       [3, 4]])

M2
array([[1.        , 2.        , 3.        , 4.        , 5.        , 6.        ],
       [0.        , 1.25663706, 2.51327412, 3.76991118, 5.02654825, 6.28318531]])
```

6.2.5 *Umwandlung und Ausgabe von Datentypen* `(str, int, float, list, tuple, +)`

Verschiedene Datentypen bedeuten auch, dass man diese bei Bedarf von einem Datentyp zu einem anderen umwandeln will. Dies kann geschehen, indem der gewünschte Zieldatentyp angegeben wird. Angefügt einige Beispiele, die wohl selbsterklärend sind.

```python
str(55)
'55'

int(5.2)
5
int(5.8)
5

float(55)
55.0

L1 = [1, 2, 3]
tuple(L1)
(1, 2, 3)

T1 = (1, 2, 3)
list(T1)
[1, 2, 3]
```

Will man Daten ausgeben und zusammenfügen, kann man dies mit dem +-Operator machen. Die Daten müssen vorgängig in Strings umgewandelt werden, falls dies noch nicht der Fall ist.

```python
b = 3.5
c1 = "heute"
c2 = 'ist'
c3 = "ein guter Tag"

c1 + ' ' + c2 + ' ' + c3
'heute ist ein guter Tag'

c1 + ' ' + c2 + ' der dritte Tag'
'heute ist der dritte Tag'

'Ich bin ' + str(b) + ' Jahre alt'
'Ich bin 3.5 Jahre alt'

'Ich bin ' + str(int(b)) + ' Jahre alt'
'Ich bin 3 Jahre alt'
```

Die Variablen und die Datentypen sind im «Variable Explorer» in Spyder ersichtlich:

Name	Type	Size	Value
A	Array of float64	(2, 6)	[[1. 2. 3. 4. 5. 6.] . ...
A1	Array of int32	(6,)	[1 2 3 4 5 6]
A2	Array of float64	(6,)	[0. 1.25663706 2.51327412 3.76991118 5.02654825 6.28318531]
L	list	3	[[1, 2, 3], [10, 11, 12, 13], 'guten Tag']
L1	list	3	[1, 2, 3]
L2	list	4	[10, 11, 12, 13]
L3	str	9	guten Tag
M1	Array of int32	(2, 2)	[[1 2] [3 4]]
M2	Array of float64	(2, 6)	[[1. 2. 3. 4. 5. 6.] . ....
Motor	dict	5	{'Typ':'Asynchronmotor', 'Leistung':600, 'Spannung':440, 'Strom':1200, ...
T	tuple	3	((1, 2, 3), (10, 11, 12, 13), 'guten Tag')
T1	tuple	3	(1, 2, 3)
T2	tuple	4	(10, 11, 12, 13)
T3	str	9	guten Tag

Variablen und die Datentypen können ebenfalls in der Konsole ausgegeben werden:

```
whos
Variable    Type        Data/Info
----------------------------------
A           ndarray     2x6: 12 elems, type `float64`, 96 bytes
A1          ndarray     6: 6 elems, type `int32`, 24 bytes
A2          ndarray     6: 6 elems, type `float64`, 48 bytes
L           list        n=3
L1          list        n=3
L2          list        n=4
L3          str         guten Tag
M1          ndarray     2x2: 4 elems, type `int32`, 16 bytes
M2          ndarray     2x6: 12 elems, type `float64`, 96 bytes
Motor       dict        n=5
T           tuple       n=3
T1          tuple       n=3
T2          tuple       n=4
T3          str         guten Tag
np          module      <module 'numpy' from 'C:\<...>ges\\numpy\\__init__.py'>
```

6.3 Kurzübungen zu Kap. 6

a)   Erstellen Sie ein Dictionary von einem **Auto1** mit fünf Feldern.

b)   Erstellen Sie eine zweiten Dictionary **Auto2**, den Sie von **Auto1** kopieren. Ändern Sie zwei Elementwerte ab.

c)   Geben Sie die beiden Dictionaries in der Konsole aus.

7. PYTHON-SKRIPT UND DER PYTHON-EDITOR

Befehle: `*.py, import, help`

Die Beispiele bis jetzt wurden alle in der Konsole von PYTHON direkt eingegeben. Der grosse Vorteil davon bestehet darin, dass unmittelbar eine Rückmeldung kommt, ob der eingegebene Code korrekt ist oder nicht. Der grosse Nachteil: bei einem Neustart des Programms sind die Variablen gelöscht und die Befehle nicht mehr vorhanden.

PYTHON ist eine Programmiersprache und es gibt mehrere Programmierumgebungen dazu. Für die Erstellung dieses Buches wurde die Programmierumgebung SPYDER verwendet. Dies stellt einen Quasi-Standard dar, der gratis und frei verwendbar ist.

Die nachfolgenden Beschreibungen sind somit gemischt. Es gibt Angaben zur Programmiersprache und auch Angaben zur Programmierumgebung.

Damit die einzelnen Befehle gesammelt werden können, werden diese in eine Datei geschrieben: in ein PYTHON-File.

Für diese PYTHON-Files ist SPYDER ein leistungsfähiger Editor, welcher eine schöne und übersichtliche Programmierumgebung zur Verfügung stellt und eine Fehlersuche im Code wesentlich vereinfacht.

7.1 Der Dateiname

Ein PYTHON-File ist ein UTF-8 Text-File (ähnlich einem ASCII-File), welches eine Aneinanderreihung einzelner PYTHON-Befehle enthält. Die Endung der Datei muss „`.py`" sein. Folgende Regeln müssen eingehalten werden:

Der Dateiname *darf* folgende Zeichen enthalten, *sollte* aber nicht mit Zahlen starten:
`a, b, c, ..., _, 0, 1, 2, 3, ...`

Der Dateiname *sollte* folgende Zeichen (Umlaute und Grossbuchstaben) *nicht* enthalten:
`ö, ä, ü, é, à, è, A, B, C, D, ...`

Der Dateiname *darf* folgende Zeichen (Sonderzeichen und Leerzeichen) *nicht* enthalten:
`+, -, ., @, #, *, &, ?, !`

7.2 Aufbau eines Python-Scripts

Der Aufbau eines Scripts wird hier anhand der Datei **mandelbrot_script.py** gezeigt. Dabei wird nicht auf den *Inhalt* der Datei eingegangen, sondern auf den *Aufbau*!

Die Abschnittsnummern im Text stimmen mit den nummerierten Teilen (links von der Datei) **mandelbrot_script.py** überein.

7.2.1 *Der Header* (1-7)

Es ist sinnvoll, bei jeder Datei mit einem Kopf (Header) zu beginnen, der die Datei genügend genau beschreibt. Diese Beschreibungen beziehen sich auch auf Funktionen: einige Kennzeichnungen kommen erst dann richtig zum Tragen.

1. Die automatisch erzeugte Datei (File → New file...) beginnt mit einem Kommentar, der sagt, dass die Datei im UTF-8 Format abgespeichert ist. Ein Kommentar wird mittels einer Raute, gefolgt von einem Leerzeichen gekennzeichnet (#). Der Text dahinter wird vom Interpreter ignoriert. Kommentare können irgendwo in einer Datei stehen.

2. Es folgt die Kennzeichnung des Starts eines «Docstrings» mittels dreier Anführungszeichen ("""). Das Ende des «Docstrings» wird gleich markiert. Alles innerhalb eines «Docstrings» wird vom Interpreter ignoriert. Der «Docstring» am Anfang eines Skripts oder einer Funktion ist der entsprechende Hilfetext. Es können mehrere «Docstrings» in einer Datei vorhanden sein.

3. Ist die Hauptbeschreibung, was das Skript oder eine Funktion macht. Laut den «Coding-Conventions» endet diese Beschreibung mit einem Punkt (.).

4. Alles unterhalb des Doppelpunktes (: :) wird bei der Ausgabe der Hilfe im Help-Fenster als **Courier**-Schrift und zu einem Block gruppiert. Siehe auch[2]

5. Texte, welche mit den Zeichen (-----) unterstrichen werden, erscheinen im Help-Fenster als Titel.

6. Mit dem Schlüssel (.. math ::) werden die darauffolgenden Zeilen von einem LaTeX-Interpreter im Help-Fenster interpretiert und mathematische Gleichungen können so wunderbar lesbar ausgegeben werden.

7. Kennzeichnet das Ende von einem «Docstring».

Wird die Datei nun importiert, wird diese ausgeführt, ist aber auch den Hilfefunktionen bekannt.

```
import mandelbrot
```

---

[2] https://www.sphinx-doc.org/en/master/usage/restructuredtext/basics.html

```
1    # -*- coding: utf-8 -*-
2    """
3    Zeichnet die Mandelbrotmenge.

4    ::

         Projekt      : Zeichnet die Mandelbrotmenge
         Autor        : Stefan Wicki
         Dateiname    : Mandelbrot.py
         Beginndatum  : 03.08.22
         Enddatum     : 12.08.22
         Version      : 1.0


5    Beschreibung
5    ------------
     Eine Mandelbrotmenge ist als Fraktalmenge bekannt. Punkte (Koordinaten in
     der komplexen Ebene) werden solange iteriert bis sie entweder
     konvergieren oder divergieren. Wie schnell ein Punkt divergiert (d.h. der
     Betrag der komplexen Zahl eine gewisse Grenze überschreitet), bestimmt die
     Farbe desselben. Punkte nahe des Zentrums (0, 0j) konvergieren eher
     als solche, die weit weg sind.

5    Algortihmus
5    -----------
     Der Algorithmus lautet folgendermassen (z ist eine komplexe Zahl):

6        .. math ::
             z(n+1) = z(n) +z(n)^2
7    """
```

● Help — □ ✕

Source [Console ▾] Object [mandelbrot_   ▾] 🏠 🔒 ≡

Zeichnet die Mandelbrotmenge.

```
Projekt      : Zeichnet die Mandelbrotmenge
Autor        : Stefan Wicki
Dateiname    : Mandelbrot.py
Beginndatum  : 03.08.22
Enddatum     : 12.08.22
Version      : 1.0
```

Beschreibung

Eine Mandelbrotmenge ist als Fraktalmenge bekannt. Punkte (Koordinaten in der komplexen Ebene) werden solange iteriert bis sie entweder konvergieren oder divergieren. Wie schnell ein Punkt divergiert (d.h. der Betrag der komplexen Zahl eine gewisse Grenze überschreitet), bestimmt die Farbe desselben. Punkte nahe des Zentrums (0, 0j) konvergieren eher als solche, die weit weg sind.

Algortihmus

Der Algorithmus lautet folgendermassen (z ist eine komplexe Zahl):

$$z(n+1) = z(n) + z(n)^2$$

7.2.2 *Initialisierungen* (8-12)

8. Zu Beginn des Programms werden die benötigten Bibliotheken importiert. In diesem Fall sind das die Bibliotheken MATPLOTLIB (PYPLOT) und NUMPY.

9. Jetzt beginnt man mit der Initialisierung von Variablen, Konstanten, Matrizen und Vektoren.

10. Eine Beschreibung des Codes erleichtert das Lesen von Dateien generell, auch wenn eine Datei beispielsweise bereits ein Jahr alt ist.

11. Häufig werden aus den initialisierten Variablen erste Vektoren und Matrizen erstellt.

12. In PHYTON ist es usus, dass Konstanten mittels GROSSBUCHSTABEN gekennzeichnet werden (z.B. **REAL_MIN**) und Variablen mittels Kleinbuchstaben (z.B. **x, y**).

   Zudem sollen Worte gegebenfalls mit einem Unterstrich getrennt werden, z.B. **constrained_layout**. Weitere Erklärungen befinden sich in[3]

```
8     import matplotlib.pyplot as plt
      import numpy as np


      # ----------------------------------------------------------------------
      # Initialisierungen:
      # ----------------------------------------------------------------------
      # Definition des Gebietes in der komplexen Ebene

9     REAL_MIN = -2                # Realteil negativster Punkt
      REAL_MAX = 0.7               # Realteil positivster Punkt
      IMAG_MIN = -1j               # Imaginärteil negativster Punkt
      IMAG_MAX = 1j                # Imaginärteil positivster Punkt
10    N_REAL = 300                 # Auflösung Punkte in x-Richtung (Realteil)
      N_IMAG = 300                 # Auflösung Punkte in y-Richtung (Imaginärteil)
11    RE = np.linspace(REAL_MIN, REAL_MAX, N_REAL)      # realer Vektor
      IM = np.linspace(IMAG_MIN, IMAG_MAX, N_IMAG)      # imaginärer Vektor

      # Definition der Grenzen und Iterationen
12    GRENZE = 1e6                 # Grenze für divergieren
12    ITERA = 30                   # Anzahl Iterationen
```

---

[3] https://peps.python.org/pep-0008/#function-and-variable-names

7.2.3 *Berechnung und Ausgabe* (13, 14)

13. Nun beginnt man mit der eigentlichen Berechnung (Lösung des Problems).

14. Häufig werden Resultate grafisch dargestellt.

```python
      # ---------------------------------------------------------------
13    # Mandelbrotmenge berechnen:
      # ---------------------------------------------------------------
      x = RE                                     # x wird als reale Achse festgelegt
      y = np.imag(IM)                            # y wird als imaginäre Achse festgelegt
      ma = np.zeros([N_REAL, N_IMAG])            # Matrize ma wird mit 0 initialisiert

      for k in range(N_REAL):                    # k: Laufvariable für x-Achse
          for m in range(N_IMAG):                # m: Laufvariable für y-Achse
              z = 0                              # z: wird mit 0 initialisiert
              for n in range(ITERA):             # Schleife für jeden Punkt (x, y)
                  z = np.square(z)               # z = z**2
                  z = z+RE[k]+IM[m]              # z = z + z
                  if abs(z) > GRENZE:            # Abbruchkriterium: |z| > GRENZE
                      break                      # Schleife vorzeitig verlassen
              ma[k, m] = n                       # Anzahl Iterationen wird gespeichert


      # ---------------------------------------------------------------
14    # Ausgabe
      # ---------------------------------------------------------------
      # Ausgabe vom Plot in der Ebene (contour plot)
      fig1, ax2 = plt.subplots(constrained_layout=True)       # erstellen
      ax2.contourf(x, y, np.flip(ma), 10, cmap=plt.cm.hot)    # zeichnen
      ax2.axis('off')                                         # Achsen aus
      ax2.set_aspect('equal')                                 # x/y gleich
      plt.show()                                              # zeichnen

      # Ausgabe in 3D
      fig = plt.figure()                         # neue Figur
      ax = plt.axes(projection='3d')             # erstellen
      X, Y = np.meshgrid(x, y)                    # Gitter
      ax.plot_surface(X, Y, ma, cmap='viridis')  # zeichnen
      plt.title("Mandelbrot 3D")                 # Titel
      ax.axis('off')                             # Achsen aus
      plt.show()                                 # Figur zeichnen
```

7.3 Methoden für Code-Qualität

Dieses Kapitel befasst sich ausschliesslich mit der Verwendung der Entwicklungsumgebung
SPYDER.

7.3.1 Rückmeldungen vom Editor

Der SPYDER-Editor interpretiert fortlaufend den Code, den man eingibt. Ist etwas nicht interpre-
tierbar, so erscheint unmittelbar auf der linken Seite der entsprechenden Zeilennummer bei einem
Fehler ein rotes Symbol: ⊗, bei einer Warnung ein gelbes Ausrufezeichen: ⚠.

Sobald man mit dem Cursor in die Nähe geht, wird angezeigt, was nicht stimmt.

7.3.2 Analyse des Codes

Der Code kann auf die Qualität hin untersucht werden. Unter «Source → Run code analysis»
kann der Code untersucht werden und es gibt viele nützliche Tipps, wie der Code verbessert
werden kann.

Will man die Laufzeit des Codes verbessern, kann unter «Run → Run Profiler» eine Zeitmessung
der einzelnen Funktionen durchgeführt werden.

7.3.3 Debugger

Der SPYDER-Editor beinhaltet einen mächtigen Debugger, um die Fehlersuche im Code zu ver-
einfachen.

7.3.4 Programmabbruch

Ein laufendes Programm kann mittels der Tastenkombination «CTRL+C» abgebrochen werden.

7.4 Kurzübungen zu Kap. 7

a) Wiederholen Sie die Kurzübungen zu Kap. 4, speichern Sie nun aber diesen Code in einer
    Datei (*.py-File), welche Sie ausführlich beschriften.

b) Benutzen Sie den PYTHON-Editor und spielen Sie damit. Testen Sie die Funktionalität des
    eingebauten Debuggers, indem Sie in Ihrer Datei Breakpoints setzen. Bauen Sie auch be-
    wusst Fehler ein.

8. Eigene Funktionen (Module)

Befehle: `def, return, len, *args`

Eine Funktion ist ein Teil einer PYTHON-Datei, welche noch viele weitere Funktionen enthalten kann, aber auch Konstanten, Klassen und vieles mehr. Einer Funktion wird meistens eine oder mehrere Variablen übergeben. Eine Funktion kann auch Variablen zurückgeben (muss aber nicht).

Um die Wirkungsweise der Funktion zu erklären, wurde die Datei «`mandelbrot_script.py`» aus Kap. 7 in zwei Funktionen unterteilt: In `calc_mandelbrot(...)` und `plot_mandel-brot(...)`. Beide Funktionen wurden in einer Datei namens **mandelbrot.py** gespeichert. Diese Dateien werden in PYTHON auch «Module» genannt.

8.1 Aufbau einer Datei mit Funktionen

8.1.1 Der Dateiname

Die Namensvergabe von Dateien mit Funktionen verläuft nach den gleichen Regeln wie die eines PYTHON-Skripts, siehe Kap. 7.1 Der Dateiname.

8.1.2 Bibliotheken *(1)*

1. Am Anfang der Datei werden die verwendeten Bibliotheken importiert, die in dieser Datei selbst verwendet werden. Auch wenn diese ausserhalb der Datei schon importiert wurden, müssen sie für die entsprechende Datei mit den Funktionen erneut importiert werden. Innerhalb einer Datei sind diese Bibliotheken allen Funktionen bekannt.

```
1    import numpy as np
     import matplotlib.pyplot as plt
```

8.1.3 Funktionsdefinition *(2 - 3)*

2. Die Funktion wird generell folgendermassen definiert:
```
def Funktionsname(Übergabewert1, Übergabewert2, ...):
    Befehle
...
    return (Rückgabewert1, 2, ...)
```

Funktionsparameter sind Variablen und werden immer klein geschrieben. Es gibt auch Funktionen ohne Rückgabe- und Übergabewerte.

```
2    def calc_mandelbrot(pix=100, itera=30, real_min=-2, real_max=0.7, imag_min=-1j,
                         imag_max=1j):
3        """
         Berechnet die Mandelbrotmenge.

         Beschreibung
         ------------

         Eine Mandelbrotmenge ist als Fraktalmenge bekannt. Punkte (Koordinaten in
         der komplexen Ebene) werden solange iteriert bis sie entweder
         konvergieren oder divergieren. Wie schnell ein Punkt divergiert (d.h. der
         Betrag der komplexen Zahl eine gewisse Grenze überschreitet), bestimmt die
         Farbe desselben. Punkte nahe des Zentrums (0, 0j) konvergieren eher
         als solche, die weit weg sind.

         Algorithmus
         -----------

         Der Algorithmus lautet folgendermassen (z ist eine komplexe Zahl):

             .. math ::
               z(n+1) = z(n) +z(n)^2

         Parameters
         ----------
         pix : int, optional, default: 100
             Auflösung in der x- und y-Achse
         itera : int,  optional, default: 30
             Anzahl Iterationen, bis die Schleife abgebrochen wird
         real_min : float, optional, default: -2.0
             negativster Punkt im Realteil
         real_max : float, optional, default: 0.7
             positivster Punkt im Realteil
         imag_min : float, optional, default: -1j
             negativster Punkt im Imaginärteil
         imag_max : float, optional, default: +1j
             positivster Punkt im Imaginärteil

         Returns
         -------

         x : array mit der Länge pix
             x-Array mit den Werten für die x-Achse
         y : array mit der Länge pix
             y-Array mit den Werten für die y-Achse
         ma : matrize mit der Grösse pix x pix
             beinhaltet die berechneten Werte
         """
```

3. Die Funktion wird ausgiebig kommentiert, damit ein Benutzer versteht, wie man diese Funktion aufruft und welche Übergabe- und Rückgabewerte verwendet werden. Häufig ist der Kommentar zeitaufwändiger als die Programmierung der Funktion selbst.

8.1.4 Zugriff auf Übergabewerte (4)

4. Die Übergabewerte (**pix, itera, real_min, real_max,** ...) sind der Funktion bei Aufruf bekannt. Auf sie kann normal zugegriffen werden.

Selbst wenn diese Variablen in der Funktion überschrieben werden, sind sie ausserhalb der Funktion noch „unbeschädigt" und unverändert (lokale Variablen).
Den Übergabewerten kann ein Default-Wert zugewiesen werden: (**pix=100, itera=30,...**). Diese Werte werden verwendet, falls bei diesen Variablen kein Übergabewert übergeben wird.

Ist die Anzahl der Übergabewerte variabel und erst bei Laufzeit bekannt, kann dies mit einem Stern gekennzeichnet werden ***args**. Der Befehl len(*args) gibt zurück, wieviele Übergabewerte während der Laufzeit übergeben wurden.

```
       # Definition der Grenzen und Iterationen
       GRENZE = 1e6                                  # Grenze für divergieren
4      re = np.linspace(real_min, real_max, pix)     # realer Vektor
4      im = np.linspace(imag_min, imag_max, pix)     # imaginärer Vektor
```

8.1.5 Berechnung der Rückgabewerte (5-6)

5. Die Rückgabewerte (**x, y, ma**) werden in der Funktion berechnet.

6. Mit dem Befehl return werden die Rückgabewerte gesammelt und zurückgegeben. Es sind die Werte, die diese Variablen enthalten, wenn die Funktion verlassen wird. Wird nichts Spezielles vermerkt, endet eine Funktion mit der letzten Zeile vom ausführbaren Code.

```
       # ------------------------------------------------------------------
       # Mandelbrotmenge berechnen:
       # ------------------------------------------------------------------
5      x = RE                              # x wird als reale Achse festgelegt
5      y = np.imag(IM)                     # y wird als imaginäre Achse festgelegt
       ma = np.zeros([pix, pix])           # Matrize Ma wird mit 0 initialisiert

       for k in range(pix):               # k: Laufvariable für x-Achse
           for m in range(pix):           # m: Laufvariable für y-Achse
               z = 0                       # z: wird mit 0 initialisiert
               for n in range(itera):     # Schleife für jeden Punkt (x, y)
                   z = np.square(z)        # z = z**2
                   z = z+re[k]+im[m]       # z = z + z
                   if abs(z) > GRENZE:     # Abbruchkriterium: |z| > GRENZE
                       break               # Schleife vorzeitig verlassen
5              ma[k, m] = n                # Anzahl Iterationen wird gespeichert

6      return (x, y, ma)
```

8.2 Aufruf einer Funktion

Um eine (selber geschriebene) Funktion zu verwenden, muss die Funktion (oder das Modul) importiert werden.

Die Funktionen `calc_mandelbrot(...)` und `plot_mandelbrot(...)` sind beide in der Datei **mandelbrot.py** gespeichert.

Die Datei wird importiert:

```
import mandelbrot as ma
```

Um zu überprüfen, ob der Import erfolgreich war, wird auf diese Weise vorgegangen:

```
ma
Variable    Type        Data/Info
---------------------------------
ma          module      <module 'mandelbrot' from<...>\02 Buch\\mandelbrot.py'>
```

Zudem können die einzelnen Funktionen (Module) der Bibliothek MANDELBROT angezeigt werden:

```
ma.<Tab>
    calc_mandelbrot
    plot_mandelbrot
```

Nun kann der Code ausgeführt werden: Bei dieser Berechnung werden alle Default-Werte verwendet:

```
ma = ma.calc_mandelbrot()
ma.plot_mandelbrot(ma)
```

Man kann die zwei Funktionen sogar schachteln oder auch andere Eingabewerte verwenden:

```
ma.plot_mandelbrot(ma.calc_mandelbrot())
ma.plot_mandelbrot(ma.calc_mandelbrot(300, 30, -2, -0.7, -1j, 1j))
```

8.3 Kurzübungen zu Kap. 8

a) Schreiben Sie eine Funktion `def dual(a, b):`, welche die zwei Zahlen **a** und **b** addiert **(add)**, subtrahiert **(sub)**, multipliziert **(mult)**, dividiert **(div)** und potenziert **(pow)**. Testen Sie Ihre Funktion gründlich.
   Die Rückgabe soll folgendermassen sein: **(add, sub, mult, div, pow)**

b) Erstellen Sie ein Fehlerhandling für diese Funktion.

9. Übungen mit Lösungen

9.1 Wurfparabeln

Einleitung

Die Wurfparabel stellt den Verlauf eines Balles dar, der mit einer gewissen Anfangsgeschwindigkeit und einem gewissen Abschusswinkel geworfen wird.

Der Weg, den dieser Ball beschreibt, kann folgendermassen ausgedrückt werden:

$$sx(t) = |\, \vec{v}\, | \cdot cos(\alpha) \cdot t$$

$$sy(t) = |\, \vec{v}\, | \cdot sin(\alpha) \cdot t - g \cdot \frac{t^2}{2}$$

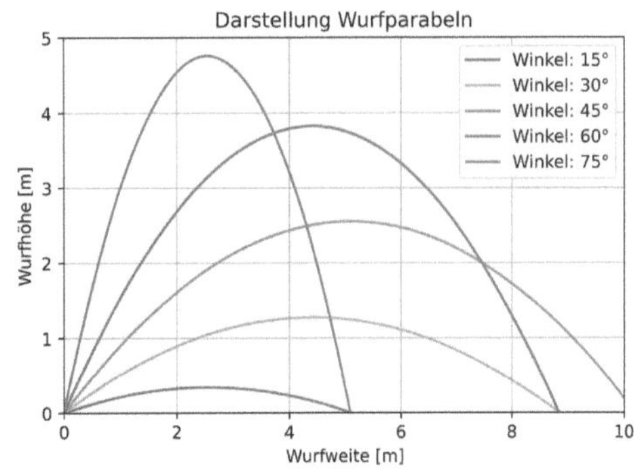

$sx(t)$:   x-Komponente der Wurfbahn [m]

$sy(t)$:   y-Komponente der Wurfbahn [m]

$|\, \vec{v}\, |$:   Betrag der Wurfgeschwindigkeit [m/s]

α: Abschusswinkel [grad, rad]

t: Zeit [s]

$g =$ 9.81: Erdbeschleunigung [m/s^2]

Aufgabe

Programmieren Sie in PYTHON Skript, welches die Wurfparabeln darstellt. Die Anzahl der dargestellten Parabeln soll verändert werden können.

Bei welchem Abschusswinkel wird die Wurfweite maximal?

Hilfreiche Befehle

NUMPY:	linspace	size	radians	zeros
	cos	sin		

MATPLOTLIB:	plot	grid	xlabel	ylabel
	title	axis	legend	show

Lösung

```python
import matplotlib.pyplot as plt
import numpy as np

# Definition Parameter
V = 10                                  # [m/s] Betrag Wurfgeschwindigkeit
G = 9.81                                # [m/s^2] Erdbeschleunigung
N = 5                                   # [-] Anzahl der Wurfparabeln

t = np.linspace(0, 2, 1000)             # [s] Zeitvektor

# Initialisierungen der Arrays mit Null
alpha_deg = np.zeros(N)                 # [Grad] Vektor für Abwurfwinkel
alpha = np.zeros(N)                     # [rad] Vektor für Abwurfwinkel
sx = np.zeros([t.size, N])              # [m] x-Komponente Wurfbahn
sy = np.zeros([t.size, N])              # [m] y-Komponente Wurfbahn

for k in range(N):                              # N Schleifen
    alpha_deg[k] = 90/(N+1)*(k+1)               # Berechnung Winkel
    alpha[k] = np.radians(alpha_deg[k])         # Berechnung Winkel
    sx[:, k] = V*np.cos(alpha[k])*t             # Berechnung sx
    sy[:, k] = V*np.sin(alpha[k])*t - 0.5*G*np.square(t)     # Berechnung sy
    plt.plot(sx[:, k], sy[:, k],
            label=f'Winkel: {alpha_deg[k]:.0f}°')           # zeichnen Kurve

# Formatierung Figur
plt.grid()                              # Gitter einschalten
plt.xlabel('Wurfweite [m]')             # Beschriftung x-Achse
plt.ylabel('Wurfhöhe [m]')              # Beschriftung y-Achse
plt.title('Darstellung Wurfparabeln')   # Titel
plt.axis(([0, 10, 0, 5]))               # Darstellungsbereich Achsen
plt.legend()                            # Legende zeichnen
plt.show()                              # Figur anzeigen
```

9.2 Leistungsanpassung

Einleitung

Leistungsanpassung liegt vor, wenn der Lastwiderstand R_L gleich gross ist wie der Quellenwiderstand R_q. Bei Leistungsanpassung wird im Lastwiderstand die maximale Leistung P_{AV} umgesetzt. Das Verhältnis der Leistung im Lastwiderstand P_L zur verfügbaren Leistung P_{AV} kann mit folgender Formel beschrieben werden:

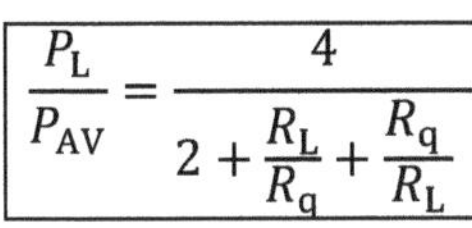

$$\frac{P_L}{P_{AV}} = \frac{4}{2 + \dfrac{R_L}{R_q} + \dfrac{R_q}{R_L}}$$

$$P_{AV} = \frac{U_q{}^2}{4R_q}$$

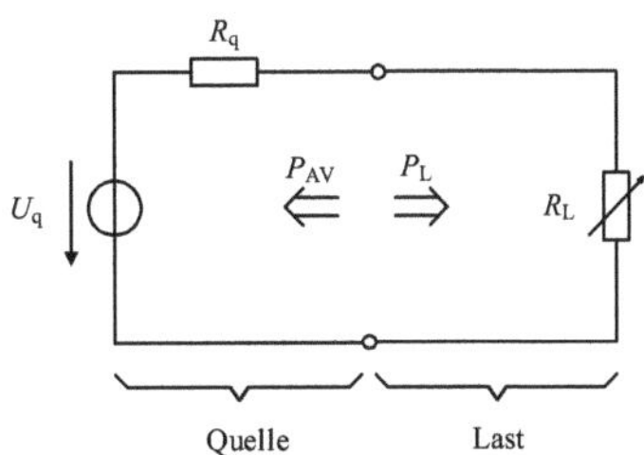

P_L: Leistung im Lastwiderstand [W]

P_{AV}:   Verfügbare Leistung [W]

R_q: Quellenwiderstand [Ω]

R_L: Lastwiderstand [Ω]

U_q: Quellenspannung [V]

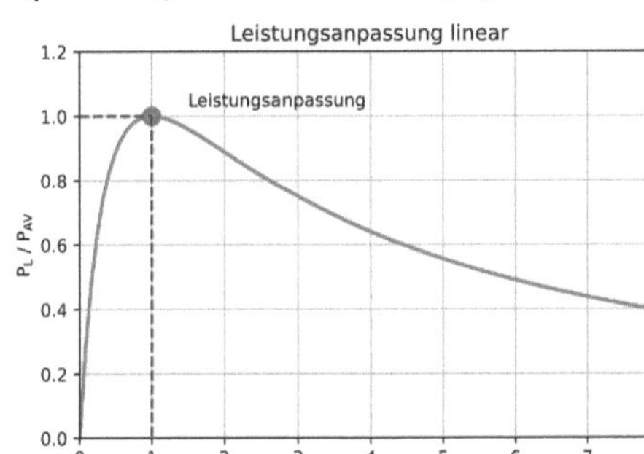

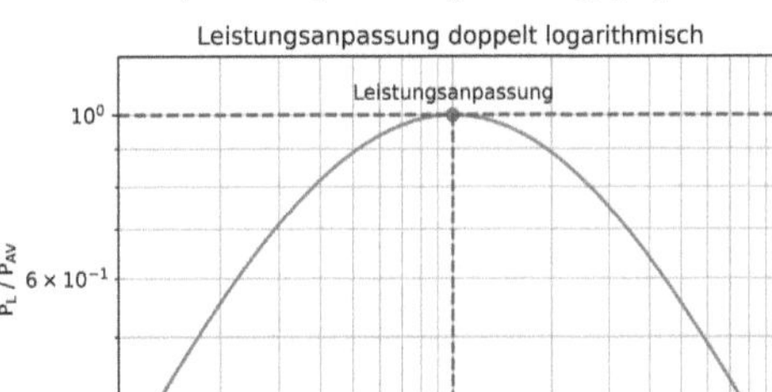

P_L/P_{AV} in Funktion von R_L/R_q und Betriebszustand „Leistungsanpassung"

Aufgabe

Visualisieren Sie oben stehende Formel mit PYTHON.

Stellen Sie diesen Graph linear (x, y) und doppellogarithmisch (in x und y) dar.

Hilfreiche Befehle

NUMPY: `linspace`   `logspace`

MATPLOTLIB: `plot`   `loglog`   `text`   `xlabel`
    `ylabel`   `title`   `grid`   `axis`

Lösung

```python
import matplotlib.pyplot as plt
import numpy as np


def label_fig(title):
    """Beschriftet die Figur."""
    plt.title(title)
    plt.xlabel('$R_L$ / $R_q$')
    plt.ylabel('$P_L$ / $P_{AV}$')
    plt.text(0.5, 1.05, 'Leistungsanpassung')


# setzt tiefgestellte Indices auf nicht kursiv
params = {'mathtext.default': 'regular'}
plt.rcParams.update(params)

# Definition Parameter
RQ = 1                                         # Quellenwiderstand
RL = np.linspace(1e-3, 8, 100)                 # Lastwiderstand

# Berechnung
PL_PAV = 4/(2+(RL/RQ)+(RQ/RL))                 # Verhältnis der Leistung

# Darstellung linear
plt.figure(1)
plt.axis([0, 8, 0, 1.2])
plt.plot(RL, PL_PAV, 'r')
plt.plot(1, 1, 'o', markersize=10)
plt.grid(True)
label_fig('Leistungsanpassung')                # Beschriftung Figur

# Kennzeichnung Leistungsanpassung mit Linien
plt.plot([1, 1], [1, 0], 'b--')
plt.plot([0, 1], [1, 1], 'b--')

# Berechnung für symmetrische Darstellung
plt.figure(2)
plt.loglog(RL, PL_PAV, 'r')
plt.grid(True, which='both')
plt.axis([0.1, 10, 0.3, 1.2])
plt.plot(1, 1, 'o')
label_fig('Leistungsanpassung doppelt logarithmisch')    # Beschriftung Figur

# Kennzeichnung Leistungsanpassung mit Linien
plt.plot([0.1, 10], [1, 1], 'b--')
plt.plot([1, 1], [1, 0], 'b--')
```

9.3 Lissajous-Figur

Einleitung

Eine Lissajous-Figur entsteht, indem man zwei harmonische Signale z.B. in einem Oszilloskop im x-y Betrieb einspeist. Das eine Signal hat eine ganzzahlige, vielfache Frequenz des anderen. Die Lissajous-Figur kann bewegt werden, indem man die Phase von einem zum anderen Signal ändert. Die Amplituden beider Signale sind gleich.

Mathematisch ausgedrückt:

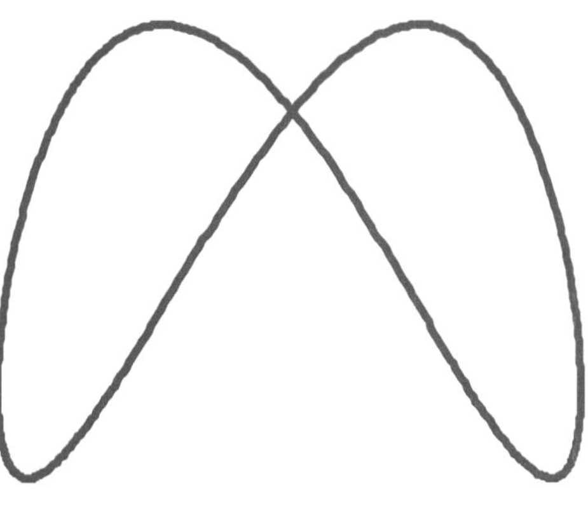

$$x(t) = \quad sin(\omega_1 \cdot t)$$

$$y(t) = \quad sin(n \cdot \omega_1 \cdot t + \varphi)$$

$x(t)$: x-Komponente des Zeitsignals [-]

$y(t)$: y-Komponente des Zeitsignals [-]

$\omega_1 =$ $2\pi f$: Kreisfrequenz [s^{-1}]

t: Zeit [s]

n: natürliche Zahl [1, 2, 3, ...]

φ: Phasenverschiebung vom x- zum

y-Signal [rad]

Aufgabe

Programmieren Sie in PYTHON eine Datei, welche die Lissajous-Figur kontinuierlich ausgibt. Die Frequenz der y-Komponente wird in Schritten erhöht (Faktor n), die Phase soll kontinuierlich von 0° bis 360° erhöht werden. Die Darstellung soll flimmerfrei und optisch ansprechend sein.

Hilfreiche Befehle

NUMPY: `linspace`   `radians`

MATPLOTLIB: `plot`   `show`   `axis`   `.animation`

Lösung

```python
import matplotlib.animation as animation
import matplotlib.pyplot as plt
import numpy as np

# Definition Parameter
F1 = 1                                   # [Hz] erste Frequenz (konstant)
F2 = 2                                   # [Hz] zweite Frequenz (Startfrequenz)
F_MAX = 4*F1                             # [Hz] max. angezeigte Frequenz
PHI_INC = np.radians(2)                  # [rad] Phaseninkrement


t = np.linspace(0, 1/F1, 1000)          # [s] Zeitvektor
x = np.sin(2*np.pi*F1*t)                 # x-Komponente (konstant)

n_frames = int((F_MAX-F2)*(2*np.pi)/PHI_INC)    # Anzahl Animationsframes
phi = PHI_INC * np.arange(n_frames)             # [rad] Vektor Phasenverschieb.
f = np.floor(phi/(2*np.pi)) + F2                 # [Hz] Vektor aller Frequenzen

fig, ax = plt.subplots()
ax.set_xlim(-1.1, 1.1)
ax.set_ylim(-1.1, 1.1)
ax.axis('off')
line, = ax.plot([], [])


def animate(frame):
    """Berechnet die zu zeichnende Linie."""
    y = np.sin(2*np.pi*f[frame]*t + phi[frame]) # y-Komponente (variabel)
    line.set_data(x, y)
    return line,


ani = animation.FuncAnimation(fig, animate, frames=n_frames,
                              interval=20, blit=True)
plt.show()
```

9.4 Tetrapack

Einleitung

Bei einem Würfel ist das Verhältnis V/O des Volumens V zur Oberfläche O maximal (verglichen mit allen anderen Quaderformen). Wie steht es mit dem Tetrapack? Haben sich die Entwickler des Tetrapacks etwas überlegt? Wie steht es da mit dem Verhältnis vom Volumen zur Oberfläche?

Dazu untersuchen wir verschiedene Quader, bei denen das Volumen konstant ist (ein Liter Orangensaft). Nun lassen wir die Kantenlängen a und b um die eines Würfels variieren. Die Kantenlänge c ergibt sich jeweils aus dem konstanten Volumen. Bei jedem neu kreierten Quader berechnen wir die Oberfläche O und das Verhältnis Volumen zu Oberfläche V/O.

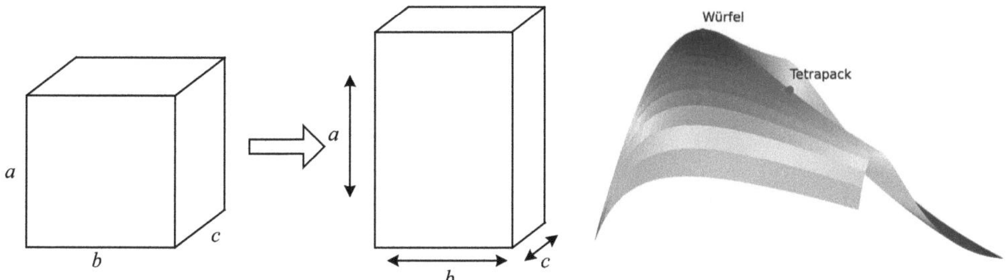

Aufgabe

a) Programmieren Sie in PYTHON eine Datei, welche die Kantenlänge a und b um das Optimum der Würfelkantenlänge variiert und die zugehörige Kantenlänge c berechnet. Berechnen Sie für jeden Quader die Oberfläche und stellen Sie das Verhältnis des Volumens zur Oberfläche in Funktion der Kantenlängen a und b als 3D-Plot dar.

b) Nehmen Sie ein Tetrapack und messen Sie dieses aus. Wie gross ist das Verhältnis des Volumens zur Oberfläche (V/O) verglichen mit einem Würfel? Zeichnen Sie dies im 3D-Plot ein.

Hilfreiche Befehle

NUMPY: `linspace`   `zeros`

MATPLOTLIB: `axes(projection='3d')` `meshgrid`   `plot_surface`   `title`
                `axis`   `show`   `plot`

Lösung

```python
import matplotlib.pyplot as plt
import numpy as np

V = 1e-3                                  # [m^3] Volumen ist konstant 1 Liter
N = 500                                   # [-] Anzahl Punkte

# Würfel
WA = V ** (1/3)                           # [m] Seitenlänge, bei einem Würfel
WO = 6*(WA**2)                            # [m^2] Oberfläche bei einem Würfel

# Quader (Variation der Kantenlänge)
aq = np.linspace(0.3*WA, 3*WA, N)
bq = np.linspace(0.3*WA, 3*WA, N)

cq = np.zeros([N, N])                     # [m] Seitenlänge c
Oq = np.zeros([N, N])                     # [m^3] Oberfläche Quader

for x in range(N):
    for y in range(N):
        cq[x, y] = V / (aq[x]*bq[y])              # Volumen soll konstant sein
        Oq[x, y] = 2*(aq[x]*bq[y]+bq[y]*cq[x, y]+aq[x]*cq[x, y])

# Ausgabe in 3D
plt.figure()                                      # neue Figur
ax = plt.axes(projection='3d')                    # erstellen
X, Y = np.meshgrid(aq, bq)                         # Gitter
h = ax.plot_surface(X, Y, V/Oq, cmap='jet', alpha=0.8)    # zeichnen

plt.title('Verhältnis von Volumen zu Oberfläche (V/O)')   # Titel setzen
ax.axis('off')                                    # Achsen ausschalten

# Tetrapack
TA = 19.5e-2                              # [m] Höhe Tetrapack
TB = 9e-2                                 # [m] Breite Tetrapack
TC = V / (TA*TB)                          # [m] Tiefe Tetrapack
TO = 2*(TA*TB+TB*TC+TA*TC)                # [m^2] Oberfläche Tetrapack

OFFSET = 5e-4
plt.plot(WA, WA, V/WO, 'bo', markersize=15, zorder=3)   # Würfel
ax.text(WA, WA, V/WO + OFFSET, 'Würfel', zorder=3)
plt.plot(TA, TB, V/TO, 'go', markersize=15, zorder=3)   # Tetrapack
ax.text(TA, TB, V/TO + OFFSET, 'Tetrapack', zorder=3)

print(f'Würfel: Verhältnis V/O (1L): {V/WA:.3f} m')
print(f'Tetrapack: Verhältnis V/O (1L): {V/WO:.3f} m')
```

10. SAMMLUNG DER WICHTIGSTEN BEFEHLE

10.1 Grundbefehle PYTHON[4]

GENERELLE BEFEHLE	
`abs(x)`	Absolutbetrag einer Zahl, funktioniert auch für komplexe Zahlen.
`clear`	löscht die Konsole, aber keine Variablen.
	Kann nur verwendet werden, falls der Befehl direkt auf der Konsole eingegeben wird. Funktioniert nicht in einem Skript oder in einer Funktion.
`dict()`	erzeugt ein Dictionary.
`pwd`	gibt den aktuellen Pfad zurück.
`eval('a')`	wandelt einen String in einen PYTHON Befehl um.
`help()`	gibt die Hilfe zu einem Befehl aus.
`input()`	Eingabe von Tastatur
`len()`	gibt die Länge oder die Anzahl der Elemente zurück.
`ls`	listet alle Dateien im aktuellen Verzeichnis auf.
`max(x)`	gibt das grösste Elemente zurück.
`min(x)`	gibt das kleinste Element zurück.
`open()`	öffnet eine Datei.
`pow(a, x)`	berechnet das Resultat der Basis mit einem Exponenten.
`print()`	gibt den Inhalt auf die Konsole aus.
`range()`	gibt eine Zahlenfolge zurück.
`round(x)`	rundet eine Zahl auf eine gewisse Anzahl Stellen.
`sorted(x)`	sortiert eine Liste in aufsteigender Folge.
`sum(x)`	gibt die Summe z.B. aller Zahlen in einer Liste zurück.
`who, whos`	Auflistung der Variablen in der Konsole

UMWANDLUNG VON FORMATEN	
`bool(x)`	gibt den binären Wert `True` oder `False` zurück.
`bin(x)`	gibt den binären Wert einer Zahl als String zurück.
`complex(a, b)`	gibt eine komplexe Zahl zurück.
`float(x)`	gibt eine floating-point Zahl zurück.
`hex(x)`	gibt den hexadezimalen Wert einer Zahl als String zurück.
`int(x)`	gibt einen Integer einer Zahl zurück.
`list(x)`	gibt eine Liste zurück oder wandelt etwas in eine Liste um.
`oct(x)`	gibt den oktalen Wert einer Zahl als String zurück.
`str(x)`	gibt einen String zurück.
`tuple(x)`	gibt den Datentyp Tuple zurück.

Abbruch laufende Ausführung: «CTRL+C» mit vorgängigem Klick auf die Konsole.

---

[4] https://docs.python.org/3/library/functions.html

GRUNDOPERATIONEN		
`+`	`a + b`	Addition
`-`	`a - b`	Subtraktion
`*`	`a * b`	Multiplikation
`%`	`a % b`	Rest einer Division (Modulo)
`//`	`a // b`	ganzzahlige Division
`**`	`a**b`	Potenzrechnen

VERGLEICHE		
`<`	`a < b`	kleiner als
`<=`	`a <= b`	kleiner als oder gleich
`>`	`a > b`	grösser
`>=`	`a >= b`	grösser als oder gleich
`==`	`a == b`	gleich
`!=`	`a != b`	ungleich
`in`	`1 in [1, 2]`	Element von

VERKNÜPFUNGEN UND BITWESE OPERATIONEN		
`or`	`a or b`	logisches ODER
`and`	`a and b`	logisches UND
`not`	`a not b`	logisches NICHT
`&`	`1 & 0`	bitweises UND
`|`	`1	0`	bitweises ODER
`~`	`1 ~ 0`	bitweises NICHT
`<<`	`1 << 3 = 8`	Bitshift links
`>>`	`4 >> 2 = 1`	Bitshift rechts

PROGRAMMSTRUKTUREN	
`if, elif, else`	bedingte Programmausführung mit `if`
`for`	wiederholt mehrmals einen Befehl.
`while`	führt solange aus bis.
`break`	verlassen von `for`- und `while`- Schleifen
`continue`	Neustart von Schleifen
`def`	Definition einer Funktion
`try, except, finally`	Befehle, die für ein Fehlerhandling verwendet werden können.

SPEZIALZEICHEN	
`.`	Dezimalpunkt
`[enter]`	Befehlsfortsetzung auf nächster Zeile, Code wird eingerückt.
`,`	Separierung von Funktionsargumenten
`#`	Kommentar
`\n`	neue Linie in der Ausgabe der Konsole in Verwendung mit einem String

10.2 Bibliothek NUMPY[5]

Konstanten und mathematische Grundfunktionen	
`e`	die Zahl e
`pi`	π, 3.1416...
`inf`	unendlich
`NaN`	not a number (keine Zahl)
`multiply(a, b)`	Multiplikation
`exp(x)`	e^x
`sqrt(x)`	$\sqrt{x}$
`log(x)`	$\ln(x)$, natürlicher Logarithmus (zur Basis e)
`log10(x)`	$\log_{10}(x)$, Logarithmus zur Basis 10
`log2(x)`	$\log_2(x)$, Logarithmus zur Basis 2
`fix(x)`	runden zur nächsten Ganzzahl (gegen 0)
`floor(x)`	abrunden zur nächsten Ganzzahl (gegen $-$Inf)
`ceil(x)`	aufrunden zur nächsten Ganzzahl (gegen $+$Inf)
`sign(x)`	Vorzeichen einer Zahl

TRIGONOMETRISCHE FUNKTIONEN	
`sin(x)`	$\sin(x)$, Sinusfunktion in rad
`cos(x)`	$\cos(x)$, Kosinusfunktion in rad
`tan(x)`	$\tan(x)$, Tangensfunktion in rad
`arcsin(x)`	$\arcsin(x)$, Arkussinus
`arccos(x)`	$\arccos(x)$, Arkuskosinus
`arctan(x)`	$\arctan(x)$, Arkustangens

KOMPLEX RECHNEN		
`z = complex(a, b)` `z = a + bj`	komplexe Zahl $\underline{z}$ erstellen	
`z.real`	Realteil von $\underline{z}$, Re$\{\underline{z}\}$	PHYTON
`z.imag`	Imaginärteil von $\underline{z}$, Im$\{\underline{z}\}$	
`abs(z)`	Absolutbetrag der Zahl $\underline{z}$, abs($\underline{z}$)	
`real(z)`	Realteil von $\underline{z}$, Re$\{\underline{z}\}$	
`imag(z)`	Imaginärteil von $\underline{z}$, Im$\{\underline{z}\}$	
`abs(z)`	Absolutbetrag der Zahl $\underline{z}$, abs($\underline{z}$)	NUMPY
`angle(z)`	Winkel der Zahl $\underline{z}$, $\angle\underline{z}$ in rad	
`conj(z)`	konjugiert komplexe Zahl von $\underline{z}$.	

---

[5] Befehle: https://numpy.org/doc/stable/reference/index.html,

Cheatsheet: https://www.datacamp.com/cheat-sheet/numpy-cheat-sheet-data-analysis-in-python

SPEZIELLE MATRIZEN UND VEKTOREN	
`diag()`	diagonale Matrix
`eye()`	identische Matrix
`ones()`	Matrix aus lauter „1"
`zeros()`	Matrix aus lauter „0"
`random()`	Matrize mit zufälligen Werten
`linspace()`	Vektor aus Elementen mit gleichem Abstand
`logspace()`	Vektor aus Elementen mit logarithmischem Abstand

MATRIZEN RECHNUNG UND MANIPULATIONEN	
`matmul(A, B)`, `A @ B`	Multiplikation von Matrizen
`dividide(A, B)`	Division von Matrizen (elementweise)
`reshape(A,(x, y))`	neue Anordnung von Matrizenelementen, ohne die Werte zu ändern
`rot90(A)`, `A.T`	drehen einer Matrix um 90°
`flip(A)`	umdrehen der Reihenfolge von Elementen
`fliplr(A)`	spiegeln einer Matrix an der vertikalen Achse (left/right)
`flipud(A)`	spiegeln einer Matrix an der horizontalen Achse (up/down)
`tril(A)`	unteres Dreieck einer Matrix
`triu(A)`	oberes Dreieck einer Matrix
`transpose(A)`	Matrizen Dimension zwischen Zeilen und Spalten wechseln
`:`	auf einzelne Zeilen oder Spalten einer Matrix zugreifen

VEKTORANALYSE	
`max(x)`	maximaler Wert
`min(x)`	minimaler Wert
`mean(x)`	Durchschnitt
`median(x)`	Mittelwerte
`std(x)`	Standardabweichung
`sort(x)`	Vektor sortieren
`sum(x)`	Summe der Elemente
`prod(x)`	Produkt der Elemente
`cumsum(x)`	kontinuierliche Summation der Elemente (diskrete Integration)
`cumprod(x)`	kontinuierliche Multiplikation der Elemente
`histogram(x)`	Histogrammvektor
`corrcoef(x)`	Korrelationskoeffizienten

POLYNOME	
`poly()`	charakteristisches Polynom
`roots()`	Nullstellen
`polyval()`	Polynomberechnung
`polyfit()`	Polynomapproximation

10.3 Bibliothek MATPLOTLIB[6]

GRAFIK	
`plot()`	linearer xy-Plot
`loglog()`	doppelt-logarithmischer xy-Plot
`semilogx()`	x-Achse logarithmisch, y-Achse linear
`semilogy()`	y-Achse logarithmisch, x-Achse linear
`subplot()`	unterteilt die Figur in mehrere Achsen.
`polar()`	Polarplot
`axes(projection='3d')`	3D Gitternetzplot
`contour()`	3D Konturplot
`bar()`	Säulengrafik
`hist()`	Säulengrafik für Verteilungen (Statistik)
`errorbar()`	Darstellung des Fehlers
`show()`	zeigt alle geöffneten Figuren.

BESCHRIFTUNG VON GRAFIKEN	
`title()`	Titel einer Figur
`xlabel()`	Label x-Achse
`ylabel()`	Label y-Achse
`grid()`	zeichnet / verändert das Gitternetz.
`text()`	Beschriftung der Grafik, Festlegung durch Koordinaten
`ginput()`	Rückgabe der xy-Koordinaten durch Mausklick

ACHSEN	
`axis()`	manuelles Einstellen der Achse
`xlim()`	einstellen (Rücklesen) der x-Achse
`ylim()`	einstellen (Rücklesen) der y-Achse

10.4 Weitere Bibliotheken

Weitere Bibliotheken	
SCIPY	Signalverarbeitung, Optimierungen, Solver (www.scipy.org)
PYSIDE	GUIs in Python (www.qt.io/qt-for-python)
PANDAS	Datenanalysen (https://pandas.pydata.org)
SYMPY	symbolisches Rechnen (www.sympy.org)
PYTEST	Testframework for den Code (www.docs.pytest.org)

---

[6] Befehle: https://matplotlib.org/stable/users/index.html

Cheatsheet https://matplotlib.org/cheatsheets/

SACHWORTVERZEICHNIS